EUROPÄISCHES ÜBERSETZER-KOLLEGIUM
Glossar Nr. 3

Clau[illegible]ck

HÖMMA!

Sprache im Ruhrgebiet

mit einem Übersetzungsbeispiel des Autors
aus „Max und Moritz“

und einem grammatischen Nachwort
von Klaus Birkenhauer
Ruhrgebiets-Deutsch in 30 Regeln

Straelener Manuskripte Verlag
1989

Glossar-Redaktion: Renate Birkenhauer

ISBN 3-89107-023-3

3. verbesserte und erweiterte Auflage

Straelener Manuskripte Verlags-GmbH
Postfach 1324, D-4172 Straelen/Niederrhein
Herstellung: Weihert-Druck, Darmstadt

Inhalt

Vorwort 5
Erklärende Wörterliste 9
'Max und Moritz', der Erste Streich 131
Begriffliche Wörterliste 135
Nachwort: Ruhrgebiets-Deutsch in 30 Regeln 159

Vorwort

Die Sprache im Ruhrgebiet wird in diesem Büchlein als Umgangssprache und zugleich als Dialekt beschrieben, weil sie ganz offensichtlich beide Bereiche ausfüllt.

Der Hauptteil, die **Erklärende Wörterliste** (Seite 9-129), verzeichnet allerdings keineswegs die gesamte Umgangssprache dieser Region, die weitgehend mit der städtischen Umgangssprache des übrigen Bundesgebiets übereinstimmt, sondern nur jene Wörter und Wendungen, die außerhalb des Ruhrgebiets kaum, gar nicht oder aber in anderem Sinne verstanden werden.

Achten Sie deshalb auf das Leitwort in Großbuchstaben, denn das führt Sie zu dem jeweiligen Wortfeld im hinteren Teil dieses Wörterbuchs. Dort, in der **Begrifflichen Wörterliste** (Seite 135-158), finden Sie weitere sinnverwandte Ausdrücke zusammengestellt -- und zwar mitunter auch solche, die außerhalb des Ruhrgebiets genauso verstanden werden und in größeren Wörterbüchern bereits erläutert sind. Wir haben sie trotzdem aufgenommen (aber mit einem Sternchen * markiert), wenn unsere Informanten sie als besonders typisch für den Sprachgebrauch des Ruhrgebiets empfanden.

Dieses Büchlein versteht sich also ganz ausdrücklich als 'Ergänzungswörterbuch' -- das durchaus auch selbst weiterer Ergänzungen bedarf.

Am Schluß werden dann, in einem **Nachwort** (ab Seite 159), die Lautlehre und die sehr regulären grammatischen Vereinfachungen der Ruhrgebiets-Sprache als systematischer Zusammenhang dargestellt.

Es wäre natürlich leicht möglich gewesen, beide Wörterlisten erheblich zu erweitern: Wir hätten nur -- nach dem bewährten Brauch von Dialektwörterbüchern -- jedes 'anders gesprochene' Wort aufnehmen müssen. Aber das wollten wir nicht.

Uns ging es -- schließlich sind wir Übersetzer -- in erster Linie um erweiterte Ausdrucksmöglichkeiten, um die Vielfalt der Wort-Bedeutungen. Und so haben wir uns zur Erleichterung der Lesbarkeit bemüht, in den Stichwörtern der 'offiziellen' Orthographie noch möglichst nah zu bleiben, und zeichnen erst in den Beispielsätzen den wirklichen Klang der Ruhrgebietssprache nach, der durchaus wechselt; denn Umgangssprache lebt nun mal von der Situation.

Essen und Straelen, Juli 1989 Claus Sprick
Klaus Birkenhauer

Literatur

Jürgen Lodemann: **Anita Drögemöller und Die Ruhe an der Ruhr.** Zürich 1975
Jürgen Lodemann: **Essen Viehofer Platz.** Zürich 1988
1000 Worte Bottropisch. Almanach 12 des Josef Albers-Gymnasiums. Bottrop 1981
Elisabeth Fekeler-Lepszy: **Gesprochene Sprache im Ruhrgebiet.** Gelsenkirchen 1983
DUDEN: **Das große Wörterbuch der deutschen Sprache** in 6 Bänden. Mannheim 1976-81
DUDEN: **Deutsches Universalwörterbuch.** Mannheim 1983

Erklärende Wörterliste

Aal-

Aalscheppe = **1.** Schöpfkelle für Fäkaliengruben; **2.** der Form wegen: Kappe mit tellerförmigem Frontabschluß (Schülermütze einiger Gymnasien, Mütze bestimmter Studentenverbindungen, auch: SA-Mütze) / KOPFBEDECKUNG; **Aalskuhle** (typisches Einschub-S wie in 'Bratskartoffeln') = Fäkaliengrube, Plumpsklo, TOILETTE

abbrechen <Jugendsprache>
zusammenbrechen, etwas nicht fassen können, verblüfft, ÜBERRASCHT sein -- "ich brech ab, die Ilona is mittem Hebbert am knutschen"; **2. sich einen abbrechen** = sich bei etwas zu sehr anstrengen oder ungeschickt anstellen -- "nu brich dir ma kein ab, madomma erst die Arretierung los!" / UMSTÄNDLICH

abdackeln
WEGGEHEN, insbesondere unverrichteter Dinge, enttäuscht oder beleidigt

abdrücken
ZAHLEN müssen, ausgeben -- "watt meinze, watter jetz jehn Monat abdrücken daaf, woer die Tussi dat Kind gemacht hat"

Abend
du kannz mich ma am Abend besuchen = Abschwächung von: am Arsch lecken / SCHIMPFEN

abfitzen
etwas mit rascher, energischer Bewegung abschneiden oder ABSCHLAGEN, z.B. Disteln abfitzen = köpfen

abfüllen
jemanden sinnlos BETRUNKEN machen

abgelatscht
müde, erschöpft, SCHLAPP

abgelutscht
nichts mehr wert, SCHLECHT, verbraucht, nicht

mehr ergiebig; etwas, von dem andere sich schon das Beste genommen haben

abgezockt
abgebrüht, durchtrieben / GAUNER / SCHLAU

abglucksen
verschwinden, abhauen, WEGGEHEN -- "nu glucks abba endlich ab"

sich abjachtern
sich abhetzen, eilig hinter etwas her sein / SCHNELL

abklabastern
der Reihe nach aufSUCHEN -- "manchma musse ehmt alle Schuhläden abklabastern bisse die passenden Treters krichs"

abknabbeln
abnagen, abknabbern, vorsichtig abESSEN, z.B. ein Hühnerbein

abkrücken
sich einen abkrücken = sich abmühen; etwas ungeschickt und daher mühsam erledigen -- "musse nurma kucken wie unser Vatta sich einen abkrückt wenner sein Lohnsteuerjahresdingsbums am ausfüllen is", vgl. **krücken** / sich BEMÜHEN

abpetschen
eine gegnerische SPIELfigur schlagen, "rausschmeißen", z.B. beim Mensch-ärgere-dich-nicht

abpillern <Schülersprache>
(vom Heft des Nachbarn) abSCHREIBEN -- "willzet abpillern, oder sollichet ehmt durchen Kopierer jaang?"

Abraham
den Abraham sehen = 50 Jahre alt werden, den 50. Geburtstag FEIERN

absäbeln
1. absägen, abschneiden (z.B. Wurst); **2.** in der Schule: sitzenbleiben lassen / ZEUGNIS

Absacker
letztes alkoholisches GETRÄNK vor dem Nachhausegehen oder Schlafengehen

abschleppen
1. ein Mädchen erobern -- "watt hasse denn gestern aamt widder fürne Ische abgeschleppt?" / KENNENLERNEN; **2.** MITNEHMEN -- "warsdudat der den ganzen Sperrmüll von hinten im Hof abgeschleppt hat?"; **3.** <BERGBAU> Wagen (Lore) mit der Hand ziehen

abschmieren
abschlägig bescheiden; (Klage) ABWEISEN -- "den Siggi seine Berufung hamse jetz auch abgeschmiert"

abseilen
einen abseilen = abHUSTEN

Abstecke
Abstandszahlung, die Zuhälter für den 'Freikauf' einer Prostituierten und Fußballvereine beim Verkauf eines Spielers verlangen / GELD

abströppen
etwas von einem Stiel oder Stengel abstreifen (Stielmus, Johannisbeeren)

abteufen <BERGBAU>
einen neuen Förderschacht senkrecht in die Tiefe bauen

abziehen
jemanden abziehen = übers Ohr hauen, betrügen / UNEHRLICH

abzischen
abhauen, verschwinden, WEGGEHEN, meist in der Befehlsform -- "zisch ab du ollen Seger du"

abzupfen
sich einen abzupfen = ONANIEREN

Achottachott!
(Betonung auf der 2. Silbe) trotz Verdoppelung eine der minderen Anrufungen Gottes, vor allem eher ironisch bei belanglosen Widrigkeiten -- "Chottachott, hatter sich beim Überlehmsträning et Knie aufgeschrappt? Isja fuachba, sollichen Krankenwaang holn?" (bei mittleren Katastrophen entfährt dem Reviermenschen hingegen ein "ach du (grüne) Scheiße!", bei wirklich tragischen Er-

eignissen hält er den Mund und hilft, wenn er kann) / AUSRUF

achtundachtzig -- vgl. egal

Adler

einen Adler machen = **1.** hinfallen, voll auf die Schnauze fliegen und mit ausgebreiteten Armen auf der Erde liegenbleiben -- "hättse ma sehn sollen wieer mitti Honda geeng die Leitplanke is und mitten auffem Acker en Adler gemacht hat"; **2.** <Kindersprache> sich im Schnee auf den Rücken legen und die ausgebreiteten Arme in verschiedenen Winkeln andrücken / SPIEL; **3.** <Knastsprache> abhauen, WEGGEHEN, ausbrechen

Adsventskalender <typisches Einschub-S>
scherzhaft für: Adventskalender

Adventsauto <veraltend>
Kabinenroller (Kleinstwagen) Heinkel / Messerschmidt oder BMW Isetta (nach dem Adventslied "Macht hoch die Tür, die Tor macht weit..." wegen des sich nach oben öffnenden Einstiegs) / AUTO

Akamie
kalauernd für Akademie, HOCHSCHULE

alle machen
1. fertigmachen, zu Boden SCHLAGEN; **2.** umbringen, TÖTEN

Alsche
leicht verächtlich für alte FRAU (insbesondere: eine unliebsame Nachbarin) -- "dat Gesülze von der Alschen geht mir langsam auffen Keks"

alt aussehen <Jugendsprache>
in einer mißlichen Lage sein -- "wenn jetzen Schaffner kommt, siehsse abba alt aus" / UNANGENEHM

alter Mann -- vgl. Mann

Ambach

wissen was Ambach ist = Bescheid wissen, sich auskennen, durchblicken / SCHLAU

anbaggern <Jugendsprache>
anmachen; sich an ein Mädchen heranmachen;

Mädchen für eine Fête oder Party herbeischaffen -- "hömma, laß nochen paar Torten anbaggern, sonz is Samstach wieder tote Hose" / KENNENLERNEN

anbimmeln <nur TELEFON, nicht Haustür>
jemanden anrufen -- "kannz ja anbimmeln, wennze widder inne Gegend bis"

anbölken
anSCHREIEN, jemandem lauthals Vorwürfe machen / SCHIMPFEN

andere
van Ander(e)n = Pseudo-Marke zur Bezeichnung geschnorrter ZIGARETTEn -- "ich rauch in letzter Zeit nur noch van Anderen" / SCHNORREN

andötschen
leicht anSTOSSen und verformen -- "son Nuttenporsche brauchse doch bloß andötschen un schon isseten Totalschaden"

anfangen
Konstruktion: **et fängt am reechnen** / SPRACHE

Anknebler <BERGBAU>
Bergmann, der Loren und andere Transportwagen unter oder über Tage aneinanderkoppelt (anknebelt)

sich ankötteln
sich beliebt machen, EINSCHMEICHELN -- "brauchsdich gaanichso ankötteln, mein Auto krisse donnich"

ankrämmeln
sich einen ankrämmeln = sich (nett, aber nicht sinnlos) beTRINKEN -- "Opa tut sich jetz jeen Aamt gefleecht ein ankrämmeln"

anpacken
anfassen -- Schild am Obststand: "Packse mich an, musse mich nehmen"; im Zoo: "Nich am Bär packen"

anpflaumen
1. jemanden beSCHIMPFEN, zurechtweisen; **2.** jemanden mit einer ironischen Bemerkung AUFZIEHEN

sich anpieseln
sich vorsichtig an jemanden heranmachen; sich EINSCHMEICHELN / KENNENLERNEN
anscheinends
im Ruhrgebiet übliche Form für 'anscheinend' -- "hatter anscheinz widder ganze Nacht ein auf Schau gemacht"
anscheißen
auch: jemanden verraten, verpfeifen / UNEHRLICH
anschellen
an der Tür KLINGELN (nicht: Telefon)
Anschläger <BERGBAU>
Bergmann, der die Förderkörbe beschickt und das Signal für die Seilfahrt gibt
anspitzen
jemanden anstiften oder drängen, etwas zu tun -- "man sollte die vom Ordnungsamt ma anspitzen, dasse ihm den Laden dichtmachen" / ÜBERREDEN
sich anströppen, anströbbeln
sich anziehen
anticken -- vgl. antitschen
antitschen, antucken
ganz leicht anSTOSSen, insbesondere mit dem Auto anfahren -- "den Kadett habbich doch bloßen ganz bißken angetitscht"
antüttern, antuttern
sich einen antüttern, antuttern = sich gemütlich beTRINKEN, einen Schwips antrinken
Anziehsachen
KLEIDUNG (das Wort 'Kleidung' kommt in der Umgangssprache nicht vor)
Appel
einen am Appel kriegen = sich ÄRGERn oder ungeduldig werden; Zustände kriegen
appes
Eigenschaftswort-Bildung von 'ab' -- "jetz hattern appes Bein, weilert Rauchen nich lassen kann"

Ärpel -- vgl. Erpel

Arsch

jemandem den Arsch nachtragen = einen unbeholfenen, vergeßlichen oder auch nur faulen Menschen bemuttern, ihm alles hinterhertragen, alles für ihn erledigen, dauernd hinter ihm her sein, ihn UMSORGEN; **Arsch mit Ohren** = dummer, einfältiger, unsympathischer Mensch, TROTTEL; **Arschbombe** = Sprung ins Schwimmbecken, bei dem es darum geht, mit dem Hintern zuerst aufzutreffen und dabei möglichst viel Wasser zu verspritzen / SPIEL; **Arschleder** <BERGBAU> = halbrundes Lederstück zur Vermeidung von Gesäßabrieb beim Arbeiten und Vorwärtsrutschen in steiler Lagerung

Asche

1. GELD -- "dat gibt wieder Asche"; **2.** MÜLL, z.B. **Aschenkippe** = Müllkippe; **Aschenmänner** = Arbeiter der Müllabfuhr; **Aschentonne** = Mülltonne / GEFÄSS

ätzend <Jugendsprache>

langweilig, nervtötend, UNANGENEHM, SCHLECHT

auf

ersetzt in einigen typischen Wendungen die Ortsangaben 'nach', 'in', 'bei': **auf Schalke gehen** = zum FUSSBALLplatz des Vereins Schalke 04 gehen; außerdem, wenn die Wohnung oder die Arbeitsstelle angegeben wird: "ich wohn auf Savichnistraße 17" -- "Unser Vatter is auf (Zeche) Ernestine", bzw. **auf Maloche** / SPRACHE

sich aufkröppen

sich aufregen, lauthals protestieren, sich über Kleinigkeiten ÄRGERn

sich aufkrücken

sich aufregen -- "Vatta, nu krück dich ma nich auf, du krissat donnich raus, oppet gezz den Hömmut war odern Kuat - weisse wat? Stecksse beide im Sack, kloppsse drauf, triffsse immern Richtigen!" / ÄRGER

aufscheppen
den Teller mit Suppe, Brei füllen; auch als plattdeutsche Aufforderung, sich tüchtig was auf den Teller zu tun: "schipp op den Papp" / ESSEN
Auge
ich schieß dir gleichen drittes Auge — ich lutsch dir gleich ein Auge aus = ImponierDROHUNGen
auseinanderdröseln
analysieren, entwirren (Problem, Wollknäuel)
ausklinken <Jugendsprache>
die Geduld verlieren, ÄRGERlich werden, aber auch vor Freude, Überraschung VERRÜCKT werden
sich auskoddern
sich Ärger von der Seele REDEN, sich aussprechen
ausrasten <Jugendsprache>
die Geduld verlieren, ÄRGERlich werden / VERRÜCKT
ausrauben <BERGBAU>
Material aus dem nicht mehr benutzten Arbeitsbereich (z.B. Stollen) entfernen
außen vor sein / bleiben
abgeblitzt sein, vor der Tür stehen, ausgeschlossen sein, nicht teilnehmen können, aus der Diskussion ausgeklammert werden / ABWEISEN
sich ausströppen, ausströbbeln
sich ausziehen
Babbel
MUND
Babelken <langes A>
BONBON
Backe
sich etwas von der Backe putzen / kratzen können = ein Vorhaben, einen Wunsch als utopisch AUFGEBEN müssen -- "du willz mittem Kegelclub nach Bangkok? hömma, dat kannze dir gleich vonne Backe putzen"
Backmann
dicker Backstein / -MANN

Bagger
Taxi -- "bestellzemalen Bagger für mich? Faahn könntichanoch, aber ich bin so stramm, dattich sicher mein Auto widder nich find" / AUTO; **Bagger mit Licht** <Jugendsprache> = **1.** etwas ganz Tolles oder besonders LUXURIÖS Ausgestattetes -- "jetz wünsch dir nich widdern Bagger mit Licht"; **2.** auch als Dämpfer zu einem ANGEBER: "kauf dir'n Bagger mit Beleuchtung"

Bahndamm
Marke Bahndamm Nordseite = scherzhaft für schlechten oder selbstangebauten Tabak / ZIGARETTE

Baldino
Lago di Baldino = Baldeneysee (im Süden Essens), vgl. **Monte Katerno** / ORTSNAMEN

ballern
1. sich einen ballern = sich beTRINKEN, saufen -- "heute baller ich mir einen"; **2.** SCHLAGEN, hauen -- "du kriss gleich einen vorn Latz geballert datte nichmehr gradeaus kucken kannz"; **3.** schießen -- "da brauchsse doch bloß Piep saang und schon kannze die Bullen losballern sehn"

Banane <Jugendsprache>
1. alles Banane! = alles UNSINN; **2. alles Banane?** = alles KLAR?

Bangebux, Bangebüx
ängstlicher Mensch, insbesondere Kind, ANGSThase

bärenstark, bärig <Jugendsprache>
unheimlich GUT; auch als AUSRUF

barfuß
1. scherzhaft für: mit der bloßen Hand, 'auf die Faust' -- "Pappteller sind alle, nimmsset Kottlett auch barfuß?" / ESSEN; **2. barfuß oder Lackschuh!** = entweder oder! (Aufforderung, sich endlich zu ENTSCHEIDEN)

baselig
vergeßlich, ZERSTREUT; **Baselkopp** = vergeßlicher, ZERSTREUTer Mensch

bäuern
AUFSTOSSEN, rülpsen, ein Bäuerchen machen
Bauklötzkes staunen
sehr erstaunt, ÜBERRASCHT sein
Bazille
linke Bazille = **1.** verächtlich für einen politisch Linken / POLITIK; **2.** abwertend: unehrlicher Mensch, dem nicht zu trauen ist / GAUNER; **Bazillenmutterschiff** = ansteckend erKRANKter, insbesondere stark erkälteter Mensch
Beamtenspargel
Schwarzwurzeln / ESSEN
bedröppelt
betrübt, verlegen, kleinlaut, ratlos / GESICHTSAUSDRUCK
befahren <BERGBAU> -- vgl. fahren
bei
ersetzt häufig das Verhältniswort 'zu', allerdings nur für kürzere Entfernungen -- "gehma bei dein Vatter", "gehma nach unten bei den Frauen / bei die Frauens", "komman bißken bei mich bei"; für längere Entfernungen vgl. 'nach' / SPRACHE
beknatscht <kurzes A>
verrückt, verTROTTELt -- "hier laufen doch nur beknatschte Typen rum"
bekohlen <Kindersprache>
anLÜGEN
sich bekrabbeln
1. sich erholen, gesund werden, zu Kräften kommen -- "setzichman bißken aufm Sofa, dann hasse dich gleich widder bekrabbelt"; **2.** aus einer schwierigen Lage wieder herauskommen
belatschern <kurzes A>
ÜBERREDEN
Bello
1. großer, dicker GEGENSTAND, insbesondere Edelstein / SCHMUCK; **2.** <Knastsprache> ZellenTOILETTE
bematscht
1. VERRÜCKT; **2.** verTROTTELt, ZERSTREUT

benaut
schwül, drückend (Wetter); auch: sich benommen, beklommmen fühlen -- "Deiwel, wat is mich dat benaut!" / BEKLEMMEND

sich beömmeln, beeumeln
sich totLACHEN

Berge <BERGBAU>
Gesteinsstücke

Bergmanns-
Bergmannsjojo = Nasenschleim bzw. HUSTENauswurf; **Bergmannskuh** = Ziege / TIER; **Bergmannsbraten** = Hering / ESSEN

beschmiert
VERRÜCKT, bescheuert / TROTTEL

besemmelt <Kindersprache>
VERRÜCKT, bestußt / TROTTEL

Besenbinder -- vgl. Kesselflicker

Bett
komm du im Bett! (auch: nach Bett) = nicht bösartig, fast liebevoll gemeinte DROHUNG unter Eheleuten

betutteln
jemanden besonders intensiv UMSORGEN und bemuttern, obwohl das gar nicht nötig wäre -- "Mensch, Berta, gezz hör aber auf, unsern Vatter zu betutteln als wennern Flegefall wär; der soll sich seine Zaretten ma ganz schön selbs anne Bude holen"

BigMäc
hohes Tier, CHEF

Bild
schwaches Bild! = vorwurfsvoller Kommentar zu jemandem, von dem man eine bessere Leistung erwartet hätte / SCHLECHT

Bimbo
verächtlich für: Neger / AUSLÄNDER

Birne, Birnemann
Dummkopf, Doofmann / -MANN / TROTTEL / VERRÜCKT

Bischek
Frechdachs, Lümmel, Schlitzohr / FLEGEL
Blag <das Blag, gesprochen: blaach>
KIND; Mehrzahl: Blagen(s) / Blächskes = viele, laute, (lästige) Kinder
bläßkes
blaß; mitfühlend-besorgte Bezeichnung einer auf Krankheit oder Unwohlsein hindeutenden Blässe -- "wat siehße so bläßkes aus umme Nase, gehma bißken vor Tür, tutich gut anne Luft" / KRANK
blau
Blauer <Knastsprache> = Hundertmarkschein / GELD; **Blaumann** = **1.** (wegen der blauen Uniform) städtischer Bediensteter, der Falschparker aufschreibt / STRAFZETTEL; **2.** blauer Monteuranzug, ArbeitsKLEIDUNG / -MANN; **Blaumeise** = städtische Bedienstete, die Falschparker aufschreibt -- "wolltese mich doch für eima falsch Paaken 20 Maak abknöppen, sonne Blaumeise" / STRAFZETTEL
Bleier <Kindersprache>
Bleistift
Blindschacht <BERGBAU>
Schacht, der lediglich mehrere Sohlen miteinander verbindet
Blitzer
(hellere) GrubenLAMPE, die auf der Brust getragen wird -- nur für sogenannte "Beamte", nämlich für Steiger
Blötsch
weiche oder eingedrückte Stelle, z. B. faule Stelle an einem Apfel oder BEULE im Blech; **Blötschkopp** = TROTTEL -- "du Blötschkopp, nimm doch die Quanten vom Laser" (zu jemandem, der im Aufzug oder in der Straßenbahntür vor der Fotozelle steht)
Blubber <Knastsprache>
verächtlich für: Suppe / ESSEN
blubbern
Unsinn REDEN

Blümchen
die Blümchen von unten bekucken = gestorben sein / STERBEN
böcken
hörbar AUFSTOSSEN, leicht rülpsen
Bockschein
Bescheinigung des Gesundheitsamtes, daß eine Prostituierte sich der vorgeschriebenen regelmäßigen Untersuchung unterzogen hat / PROSTITUTION
Bohei
einen Bohei um etwas machen = viel Wind, Aufhebens um etwas machen, aus einer Mücke einen Elefanten machen -- "nu mach nich son Bohei, dat hamwer alle ma durchemacht, und du wirsset auch überlehm" / ÜBERTREIBEN
bölken
1. herumbrüllen, SCHREIEN; **2.** HUSTEN (schmerzhafter, lauter, tiefsitzender Husten)
Bollen
1. Geflügelbein (Gänse-, Hähnchenbollen) / ESSEN; **2.** Po -- nur in der Wendung: "Kinder, die wat wollen, krieng ein auffen Bollen", womit ihnen die Verwendung des höflicheren Ausdrucks 'möchte' nahegelegt wird / ABLEHNUNG
Boller-
Bollerhose = ausgebeulte alte Hose, insbesondere mit reichlich bemessenem, physiognomisch faszinierendem Hintern / KLEIDUNG; **Bollerwagen** = Handkarre / WAGEN; **Bollerrad** <Knastsprache> = 5 DM-Stück / GELD
bomforzionös <veraltend>
ganz toll, phänomenal, bombig / GUT
Bömmsken <Mehrzahl: Bömmskes>
BONBON (was man ebenfalls versteht, vorausgesetzt, die 1. Silbe wird betont)
Bonbon <Aussprache: Bommbong>
jemandem ein Bonbon ans Hemd kleben = **1.** jemanden anschwärzen, SCHLECHT machen; **2.** jemandem etwas anhängen wollen / GEMEIN

Bonzenheber
Fahrstuhl
boo, booch, bor <langes offenes O>
AUSRUF, der Erstaunen oder Verblüffung ausdrückt oder auch nur den anderen aufmerksam machen soll -- "booch kumma, da drüben sindsesich am kloppen" / ÜBERRASCHT
Borbecker Halblang
(nach dem Essener Stadtteil Borbeck) knielange Jungenhose, die das ganze Jahr über getragen wurde -- im Winter mit Leibchen und meist hellbraunen Strickstrümpfen darunter; Kennzeichen für eher ärmliche Verhältnisse oder provinzielles Aussehen überhaupt / KLEIDUNG
Bottich
auffen Bottich müssen = auf die TOILETTE müssen
Brack(er)mann
großer, dicker GEGENSTAND, z. B. Stein, Backenzahn, Baumstumpf / -MANN
bräsig
1. angetrunken, leicht schicker / BETRUNKEN; **2.** ungehalten, mürrisch, verÄRGERt
Brass, Brast
ÄRGER, Wut; **im Brass sein** = gestresst, mit ARBEIT überlastet sein
Brassel <stimmhaftes S>
1. ÄRGER, Wut; **2.** viel ARBEIT -- "Manno, ich hab vielleicht widdern Brassel am Hals gehabt"
brasseln <stimmhaftes S>
an etwas herumBASTELN, sich mit allem Möglichen beschäftigen
Brat-
Bratarsch = allgemeines, zwar verächtlich, aber nicht bösartig gemeintes Schimpfwort für einen TROTTELigen, langsamen Menschen; **Bratbär** = mildes, eher zärtlich-nachsichtiges Schimpfwort für einen verTROTTELten Menschen
Bratskartoffeln <typisches Einschub-S>
statt: Bratkartoffeln / ESSEN

Braunsche Röhre <CB-Funkersprache>
(der Farbe wegen:) Bierflasche / GEFÄSS

breit
BETRUNKEN -- "du waassja gestern widder ganz schön breit"

Brems-
Bremsklotz = salopp für: Frikadelle / ESSEN;
Bremsspur = derb für: braune Streifen in der Unterhose oder auf dem Bettlaken / SCHMUTZ

Brenner
einen Brenner machen = verschwinden, WEGGEHEN, die Flucht ergreifen

Brennholz! <Kindersprache>
WARNRUF beim Schlittenfahren

es brennt! <BERGBAU>
vorgeschriebener WARNRUF, bevor unter Tage mit der Sprengung begonnen wird

brettern
schnell FAHREN -- "kein Wunder, wennse alle meinen, se müßten mit 90 übberde Alfredstraße brettern"

sich bretzeln (vor Lachen)
sich totLACHEN, amüsieren

Briketts husten
eine heftige, ruhrgebietstypische Bronchitis haben; sich die Lunge aus dem Hals HUSTEN

Brilli, Briller <Knastsprache>
Brillant, Fingerring / SCHMUCK

Bröckchen husten <auch: Bröckchen reden>
sich ÜBERGEBEN, kotzen

Brocken
1. KLEIDUNG; **2.** KRAM, insbesondere alle persönlichen Sachen, die man irgendwohin mitnimmt -- "hasse deine Brocken endlich zusammen, datte losfahn kannz?"

brötscheln, brotscheln
mit Muße braten -- "letzten Samstach hat sich mein Oller doch tatsächlich selps sein Aamtessen zusammengebrötschelt" / KÜCHE

Brumm-
ein Gemüt wie eine Brummfliege haben = ein Gemütsmensch sein, GUTMÜTIG und durch nichts aus der Ruhe zu bringen; **Brummsumse** = **1.** <Kindersprache> Biene / TIER; **2.** temperamentvolles, unternehmungslustiges MÄDCHEN; **Brummsuse** = schlecht gelauntes, NÖRGELNdes kleines MÄDCHEN

Bubu machen
1. <Kindersprache> SCHLAFEN, Heia machen; **2.** Geschlechtsverkehr / LIEBE

buckeln -- vgl. puckeln

Buddiker <Betonung auf der 1. Silbe>
KneipenWIRT

Bude -- vgl. Trinkhalle

bügeln
Geschlechtsverkehr / SEX

Bulle
keineswegs nur (wie im übrigen Deutschland) abwertende, sondern auch völlig wertfreie Bezeichnung für Polizist -- "gestern war die Ente schon wieder platt, aber dann ham zwei Bullen angehalten und solange am Zündkabel gefriemelt bissese wieder am Laufen hatten" / POLIZEI

Bullemann
Phantasiefigur, mit der man Kindern ANGST macht -- "wennze jetz nich pariers, kommsse im Keller und dann holtich der Bullemann, da kannze aber drauf an" / -MANN

Bullemännchen <Kindersprache>
Popel, den man sich aus der Nase geholt hat / NASENSCHLEIM

Bunke
GAUNER, Rabauke, Unterwelttyp

bunkern
Anvertrautes unterschlagen oder zurückhalten / UNEHRLICH

Butter bei die Fische tun
zur Sache kommen, das Wesentliche zur Sprache bringen, die Katze aus dem Sack lassen, eine

Sache ernsthaft und mit vollem Einsatz betreiben / RICHTIG

Bütterken <Mehrzahl: Bütterkes>
Butterbrot, (kleine) Stulle / ESSEN

buttern <BERGBAU>
sein Butterbrot essen, Essenspause machen / ESSEN

Chaot <Jugendsprache>
TROTTEL, der alles durcheinanderbringt oder außerstande ist, etwas zielstrebig zu tun / VERRÜCKT

Chicago Lügen
WürfelSPIEL (mit Knobelbecher und 3 Würfeln)

Christ
frohen Christ! <Jugendsprache> = salopp für: fröhliche Weihnachten!

Ciska und Anna
scherzhaft für die Textilkaufhauskette C & A / KAUFEN

Dachhase
1. nach Zechtour spät heimkehrender EheMANN; **2.** scherzhaft für: Katze / TIER

Dachtel
OHRFEIGE / SCHLAGEN

dackeln
angedackelt kommen = unterwürfig herankommen

Dämelskopp
Dummkopf, dämlicher Mensch, TROTTEL; **Dämlack** = wie Dämelskopp, aber etwas vorwurfsvoller

daune
völlig BETRUNKEN, vgl. duhn

Deckel
einen Deckel machen = viel TRINKEN, eine hohe Zeche machen, anschreiben lassen

derb <Jugendsprache>
hart, bitter, schwer zu ertragen / SCHLECHT

derben
rastlos und ziellos umherstreifen -- "gestern binnich so lange inne Citti rumgederbt bissich total geschlaucht waa" / GEHEN

Detlef, Detlev
Schwuler; auch Sammelbegriff: die Detlefs / HOMOSEXUELLER

Deu
STOSS, Anstoß, Drehmoment (auch im übertragenen Sinn) -- "nu gib den Alfonx maln Deu datter auma mitti Omma Kaludrigkeit tanzen muß"

Dier
dat arme Dier kriegen = das heulende Elend kriegen -- "Mitleif Kreißis, also dat is wennze so mitten im Lehm stehs, und auf eima, da krissat arm Dier"; **lecker Dierken** = niedliches kleines MÄDCHEN

diesen hier
weist auf eine Geste hin, die gleichzeitig vorgeführt wird: "den Ferdi hamse bei Kaastadt inne Lehmsmittelabteilung erwischt, wieer diesen hier gemacht hat" -- begleitet von einer drehenden Handbewegung, die einen Diebstahl veranschaulicht; "wie willze denn bis dahin kommen? etwa diesen hier?" -- vorgestreckte Faust mit hochgerecktem Daumen (= per Anhalter)

Dilldopp
Kreisel, der mit den Fingern gezwirbelt wird / SPIEL

Dingen
dat issen Dingen! = AUSRUF der Überraschung oder Begeisterung über eine erstaunliche Begebenheit / ÜBERRASCHT; **Dingens** = DINGSDA, wenn einem ein Begriff nicht einfällt; **Dingenskirchen** = DINGSDA, wenn einem ein Familienname nicht einfällt

dobsche <von polnisch 'dobrze' = gut>
GUT, prima, astrein -- "dobsche, dobsche, tralala" (Ausruf des Entzückens, wenn etwas gut geklappt hat)

Docht
ZIGARETTE

Dödel
PENIS -- "du glaupßat ja nich, abba gehma mitti

Ilona in som Pehrchenklupp: kaum gehtet Licht aus, fängtse am Grabschen; ne richtige Dödelkrake is dat, kennzese nich wieder!"

Döllmer
Dummkopf, Döskopp, TROTTEL

Dollpunkt
springender Punkt, Kern- und Angelpunkt eines PROBLEMs

Domino spielen <veraltend>
an der Theke stehen und sich beTRINKEN (von der plattdeutschen Aufforderung an den Wirt: "do mi no ein drin" = tu mir noch einen rein)

Donaldstuben
scherzhaft-euphemistisch für Schnellrestaurants der McDonalds-Kette -- "Weisse eingtlich wie den Geschäftsführer vonne Donaldstuben in Ankara heißt?" "Nee, sachet." "Izmir Übel!" / IMBISS

Döneken <Mehrzahl: Dönekes>
amüsante Erzählung, Witz -- "und dann hatter den ganzen Aamt widder Dönekes von seine Zeit beien Bund erzählt"

Dopp
1. kleiner Junge; Mehrzahl: **Döppen,** Verkleinerungsform: **Döppken** / KIND; **2. wien Dopp** = fix, schnell (vgl. Pitschendopp) - "wolltichen schon nache Werkstatt bringen, dattseman Vergaser durchpusten, aber jetz läufter widder wien Dopp - da kannichet auch bleim lassen" / SCHNELL

Döppen <nur Mehrzahl>
AUGEN -- "aams kannern Hals nich vollkrieng undann wundertersich datter morgens die Döppen nicht aufkricht wenner auf Schicht muß"; **die Döppen aufsperren** = aufpassen, Obacht geben

döppen
1. Erbsen oder Bohnen aus den Schoten pulen / KÜCHE; **2.** <Kindersprache> im Schwimmbad jemanden unter Wasser TAUCHEN

Dörpel <veraltend>
Erhöhung oder Stufe vor der TÜR

dösig

1. dümmlich, tranig / TROTTEL -- "steh mir doch nich dauernd vorre Füße rum, du Dösigen"; **2.** auch zur Bezeichnung von Gegenständen im Sinne von: blöd, verdammt, vertrackt -- "kannzenichma deine dösigen Schiher ausse Garage räumen?" / SCHIMPFEN

Döskopp

Dummkopf, TROTTEL; keine schwerwiegende Beleidigung, sondern eher eine freundschaftliche Ermahnung oder Rüge -- "du ollen Döskopp, kannzenichma kucken woße herlatschs?" **Döspaddel** = TROTTEL, langsam denkender Mensch

Dötsch

Delle, BEULE, leichte Verformung oder Beschädigung -- "weeng den Dötsch willzen neuen Kotflügel vom Kalla sein Schrottplatz holen? siehsse doch gaanich wennenich grade von schräg kucks"

dötschen

(ohne Regeln) FUSSBALL SPIELen, bolzen

Dötze, Dötzkes <nur Mehrzahl>

kleine KINDer; **i-Dötze** = **i-Männchen** = Erstkläßler (weil der Buchstabe "i" der Sütterlinschrift als erster gelernt wurde); aus dem Munde von Zweitkläßlern Ausdruck tiefster Verachtung

Draht

einen Draht aus der Mütze kucken haben, da springt einem der Draht aus der Mütze = knatschVERRÜCKT sein

drämeln, dazu: **drämelig** -- vgl. drömmeln

drangeben

AUFGEBEN, etwas lassen, aufhören mit -- "gibbet dran, du schaffset ja donnich"

drauf an

da kannze drauf an = gewiß sein, sich auf etwas verlassen können -- "wennich dich noch eima erwisch, datte hier kläuen tuß, dann fliechsse hier achtkantig raus, da kannze drauf an" / BEKRÄFTIGUNG

drauf sein <Jugendsprache>
'in' sein, auf dem laufenden sein -- "die Inge is echt drauf, da gibbet nix, die läuft schon seitne Woche mit diese neuen Dingers rum" / GUT

Drehungen machen <Knastsprache>
ZIGARETTEn drehen

Driet
(plattdeutsch) Scheiße, auch: Lehm, Dreck, Mist; im Ruhrgebiet auch noch in Zusammensetzungen gebräuchlich, z.B. **Driethus** (Scheißhaus, Lokushäuschen im Garten) / DRECK

drisseln <stimmhaftes S>
jemandem mit etwas hartnäckig in den Ohren liegen; nicht locker lassen, bis man das Gewünschte bekommt; ständig auf sein Anliegen zurückkommen und dabei LÄSTIG, aber nie massiv werden -- "den Theo is schon seit zwei Wochen am drisseln dattern Farrat haben will" / ÜBERREDEN

drölig
LANGSAM, klüngelig, drämelig / ZERSTREUT

drömmeln
LANGSAM sein, herumklüngeln, etwas unkonzentriert tun und deshalb lange dafür brauchen (besonders bei Kindern) / ZERSTREUT

Dröppel
liebevoll für: kleines, süßes KIND

Dröppelminna
1. Kaffeekanne (oft mit Abtropfschwamm an der Tülle); **2.** auch: samowarähnliche Metallkanne / GEFÄSS

dröppeln
leicht REGNEN, aber nicht als Nieselregen, sondern in wenigen, größeren Tropfen

Dubbel
Butterbrot, Knifte, insbesondere: halbierte, belegte und dann zusammengeklappte Stulle / ESSEN

duhn
BETRUNKEN; als Steigerung auch: **schnirpeduhn**

dulle, Dullmann
dämlich; TROTTEL -- "bisse dulle?!" / -MANN

Dummbatz
Dummkopf, TROTTEL

Dünnbrettbohrer
1. jemand, der den Weg des geringsten Widerstands wählt; **2.** jemand, der sich lange mit nichtigen Problemen abgibt / PEDANT

Dünnflitsch, Dünnpfiff
DURCHFALL

düpsen <Kindersprache>
hauen, SCHLAGEN, verdreschen

Durchblickerlehrgang
auf dem Durchblickerlehrgang (in Zwiesel) gewesen sein = (ironisch:) ein schlaues Kerlchen sein, Durchblick haben, etwas durchschauen -- "Dat habterwohl in Zwiesel auffem Durchblickerlehrgang nichehabt, wa"? (Zwiesel: Sitz des staatl. Berufsbildungszentrums für Glas und bedeutender Glashütten); vgl. Ambach / SCHLAU

durcheinander
bezeichnet als nachgestelltes Umstandswort eine bestimmte Zubereitung von Gemüse: **Möhren durchnander, Wirsing durchnander** = zusammen mit Kartoffeln gekocht; vgl. im Gegensatz dazu: gestuft / KÜCHE

Durchfallbronn
scherzhaft für die Essener Mineralwassermarke 'Burgwallbronn' / GETRÄNK

sich durchfrickeln
etwas mehr schlecht als recht schaffen, sich durch etwas hindurchmogeln (insbesondere durch eine Prüfung) / UNEHRLICH

durchknallen
durchbrennen, durchschlagen (Lampe, Sicherung, Ventil) / KAPUTT

Dusseldier <stimmhaftes S>
Dummkopf, Schlafmütze, TROTTEL

Duwenvadder
Taubenvater; plattdeutsche, im Ruhrgebiet nach

wie vor gebräuchliche Bezeichnung für Taubenzüchter und Freunde des (früher vor allem unter Bergleuten verbreiteten) BRIEFTAUBENsports

Earnie <sprich: Örni; aus der 'Sesamstraße'>
1. schussliger, aber liebenswürdiger MENSCH, den man nicht ganz für voll nimmt / TROTTEL; **2.** großer GEGENSTAND, z.B. dicker Pickel, Beule am Kopf

echt
fast bedeutungsloses BEKRÄFTIGUNGswort -- "da fällt dir doch echt nix mehr ein"; **in echt** <Kindersprache> = wirklich, tatsächlich, wahrhaftig: "in echt? weisse dat auch ganz genau?"

egal ist achtundachtzig
unwirscher Vorhalt, wenn jemand auf eine Frage nur "ist EGAL" antwortet (weil 88 immer gleich aussieht, auch von rechts nach links oder auf dem Kopf)

ehmkes
mal eben, SCHNELL

ehsse
ehe du -- "der knallt dir doch ein vorn Latz ehsse Papp saang kannz"

Ei
dickes Ei = eine Unverfrorenheit, die sich jemand geleistet hat / UNVERSCHÄMT; **ach du dicket Ei** = AUSRUF des Erstaunens oder Erschreckens / ÜBERRASCHT; **da kannzen Ei drüberschlagen** (drüberhauen) = das taugt nichts, ist nichts wert (von Sachen und Personen) / SCHLECHT; **... unnen Ei aussen Konsum** = zu jemandem, der einen (weiteren) ziemlich unmöglichen Wunsch äußert / ABLEHNUNG

Eierberg
Bordell, Puff / PROSTITUTION

Eierfeile, Eierkitsche
altes, kleines, unansehnliches, klappriges AUTO

eiern
GEHEN, laufen -- "meinzenich ich sollma mit den Eumel besser zum Aazt eiern?"

Eimer
auffen Eimer gehen = zur TOILETTE gehen
Einbruch <BERGBAU>
keilförmig in die vordere Stollenwand (die sog. "Ortsbrust") getriebenes Loch, in das der Sprengsatz gesteckt wird, um das Gestein zu lösen
sich einkriegen
wieder normal werden, sich abregen -- "Mensch krich dich ein, so schlimm isset ja nu onnich"
sich einmuckeln
sich in etwas Warmes, Weiches hineinKUSCHELN, so daß nur noch die Nasenspitze herausschaut (Bettzeug, Wolldecke, Pelzmantel)
einpannen
einschüppen, hineinSCHAUFELN
einschenken <Knastsprache>
jemandem einen einschenken = jemandem einen Hieb ins Gesicht versetzen / SCHLAGEN
einstielen
eine Sache richtig einstielen = etwas richtig anfangen, den richtigen Aufhänger für etwas finden, ein Vorhaben von Anfang an in die richtigen Bahnen lenken, den allein richtigen ersten Schritt tun -- "hömma, deinen Zuschußantrach musse vor allem richtig einstielen, frachma den Hebbert wie der dat damals angeleiert hat" / ANFANGEN
einwämsen
1. Tür oder ähnliches einSCHLAGEN; **2.** jemandem etwas einprügeln
ej <verlangt den 4., den 'Anrede'-Fall>
ANREDE, Verlegenheitswort -- "ej, Rotzigen, kannzemirma saang woet hier ej nachen Haupanof geht?"
entsteißen
jemandem etwas entsteißen = jemandem etwas ABNEHMEN
Erich
Schwuler (vorne ER, hinten ICH) / HOMOSEXUELLER

Erbstollen <BERGBAU>
Entwässerungs- oder Bewetterungsstollen mehrerer Grubenfelder; für die zum Bau notwendigen Kosten wurden die Anteilseigner aller Zechen, die von der Anlage profitierten (die "Beerbten") herangezogen

Erpel <langes, offenes Ä>
(Erdapfel) Kartoffel; Mehrzahl: de Erpels; **Erpelschlut** = Kartoffelsalat / ESSEN; **Erpelschulte** = (unter Älteren noch populäre) Figur des dicken Kartoffelhändlers aus der Kolumne POTTKIEKER; **Erpelstämmer** = Kartoffelstampfer / KÜCHE

Ersatzreifen
scherzhaft für: Fettwulst, der beim Zusammendrücken der BAUCHdecke entsteht -- im fortgeschrittenen Stadium auch schon beim Hinsetzen

Eschek
verächtlich für: Türke, Orientale, AUSLÄNDER

Eskimo
das haut den stärksten Eskimo vom Schlitten = umwerfend neu, stark, großartig / GUT

Essigpisser
Beamter, Schreibstubenhengst, verknöcherter BÜROKRAT / PEDANT

Eßkohle <BERGBAU>
kein Nahrungsmittel, sondern eine fast rauchfreie Steinkohle-Art, als Hausbrand und für die Essen der Schmieden geeignet

ette, etteken
FRAU, MÄDCHEN: Kosewort, wenn man von der Frau, Freundin spricht -- "kumma, etteken da, wiese mit ihre kurze Beinkes losfeckelt"

Eumel
1. KIND; **2.** liebenswürdiger TROTTEL

Euro
salopp für: Euroscheck / GELD

Experte
meist ironisch für jemanden, der etwas völlig falsch gemacht hat; gutmütiger Vorwurf -- "du bis villeichten Experte, hömma, jetz kann ich die

ganze Platte nomma neu überspielen" / VERSAGER

extrabreit
VERRÜCKT, doof

ey -- vgl. ej

fahren <BERGBAU>
jede Art der Fortbewegung von Menschen unter Tage

Fahrsteiger
Berufsbezeichnung im BERGBAU, allgemein respektvoll als Rangmaßstab verwendet -- "unser Neffe ist Ministerialrat" -- "is dat mehr wie Fahrsteiger?"

Fahrte <BERGBAU>
Leiter im Schacht

Falten aus der Hose bügeln
keine Zeit haben, SCHNELLer machen, zum Ende kommen wollen -- "komm ej, wir ham nichen ganzen Tach Zeit, um die Falten ausser Hose (vulgär: aussem Sack) zu bügeln"

fäntern
schnell laufen, besonders mit kurzen, raschen Bewegungen / GEHEN

Faxenheinz
Dummkopf, unseriöser Mensch / TROTTEL

Feckel
1. Laufsteg, der zum Hühnerstall führt; **2.** auch: Hühnerstall (**Haunerfeckel**)

feckeln, kafeckeln
schnell laufen, insbesondere mit kurzen Beinen -- "sollzema sehen wie der Eumel die Pämpers schmeißt und quer übbern Strand feckelt" / GEHEN

fegen
eine gefegt kriegen = eine OHRFEIGE bekommen / SCHLAGEN

Feige
KOPF, Gesicht, Fresse, unsympathische Visage -- "Mann, hat der ne Feige, son Gesicht gehört doch inne Hose"

Ferken <Mehrzahl Ferkes>
Schweinchen, Ferkel; **rangehen wie Ferkes Willem** (anne Blockwuast) = mit Schwung loslegen / ENERGISCH

Fetze
die Fetze sein <Jugendsprache> = ganz toll, aufregend, sensationell -- "dat is total die Fetze, wenn den Langen auffe Fête in Schwung kommt un, blau wie er is, am singen fängt" / GUT

Feudel
PUTZlappen, Scheuertuch; **feudeln** = Staub PUTZEN, reinemachen

fies für sein (auch: fies vor...)
sich ekeln -- "dat machtie donnich, da isse doch vielzu fies für" / EMPFINDLICH

fieseln
kritisch und genau untersuchen, auseinandernehmen, PEDANTisch herummäkeln -- "watt bisse widder am rumfieseln und stochern? da is doch gaakein Fettrand mehr am Roßbiff"

Fiffi
1. <Knastsprache> billiger Wermut, Wein oder Schnaps / GETRÄNK; **2.** Perücke / HAAR

filmen
jemanden filmen = **1.** reinlegen; **2.** auch: jemanden nasführen, jemandem etwas vormachen / UNEHRLICH

fimmelig
übertrieben kleinlich, PEDANTisch, manieriert

finito
aus, SCHLUSS, vorbei

finnig
listig, mit allen Wassern gewaschen, durchtrieben / SCHLAU

Firlefanz
auch: unnötiges Aufhebens, überflüssige Hektik / ÜBERTREIBEN

Fisch
<BERGBAU> langes, schmales Gesteinsstück; **Butter bei die Fische tun** -- vgl. Butter

Fissel <stimmhaftes S>
Fussel, FASERN, Haare, winzige Reste, winziges Ding, STUMMEL -- "und wennze drei Stunden am Stück sauchs, die Fissels krisse von som Teppich nich ab, da musse dich schomma bücken unte Fingerkes nehm"

fisseln <stimmhaftes S>
leicht REGNEN (feiner Dauer- oder Nieselregen)

Fissematenten <stimmhaftes S>
Ausflüchte, Ziererei, Sperenzchen

Fitsch
vorteilhaftes GESCHÄFT, guter Fang, preiswerter Kauf -- "gestern inne Metro habbich widdern tollen Fitsch gemacht"

fitschen
schnell laufen -- "hier hassen Tacken, fitsch anne Bude und hol Klümkes" / GEHEN

Fitzebohnen
Schnittbohnen, von Hand oder in speziellen 'Bohnenmühlen' in schräge Streifen geschnitten / ESSEN

Fitzemann
KIND, kleiner Kerl, pfiffiger kleiner Junge /-MANN

Fitzken
kleines STÜCK, das Endchen von etwas

Flabes, Flappmann, Geflappter
Halbgescheiter, Idiot, TROTTEL

Flattermann
1. Brathähnchen ("mit minnigens 20.000 Flugstunden") / ESSEN / -MANN; **2. einen Flattermann machen** <Knastsprache> = aus dem Gefängnis ausbrechen, fliehen / WEGGEHEN

Fleppe
1. eine Fleppe ziehen = ein betrübtes oder BELEIDIGTes Gesicht machen -- "Mensch dann kuckdoch dein Scheißfußball! wennze die ganze Zeit sonne Fleppe ziehs habbich auch kein Schnief mehr für im Kino zu gehen"; **2. Fleppen** = Papiere, Ausweise, speziell Führerschein --

"wennze die Fleppen unbedingt wechenommen krieng willz, dann fahr doch los, du ollen Suffkopp"

Fletsch

Kappe, Schiebermütze / KOPFBEDECKUNG

Fletsche

Katapult, mit dem man kleine Steine verschießen kann: eine Astgabel, zwischen die ein starkes Gummiband mit einem Lederflicken in der Mitte eingespannt wird / SCHLEUDER

flippig

ausgeflippt, unkonventionell, spontan

Flitsch

glitschige, meist eklige MASSE; insbesondere etwas, auf dem man ausrutschen kann -- "ich les jetzen Sseienz Fickschen wo die Extraterrestrischen son quabbeligen Glibber sind, sone Art Horrorflitsch, der an eim hochkriecht und dann bisse kaputt ehsse kucken kannz" / SCHMUTZ

Flitzebogen

krumm wien Flitzebogen = schlechte KÖRPERhaltung -- "steh nich rum wien Flitzebogen, wie siehtatenn aus"

Flörch

geräuschvoll abgehusteter ('heraufgeholter') und ausgespuckter, insbesondere zusammenhängender HUSTENschleim -- "wattisdat: hängt anne Wand, is gelb und sinkt? nee, kein Kanarienvogel; dat issen Flörch"

Flöte

Flötekessel = Wasserkessel mit Pfeifaufsatz / KÜCHE; **Flötepiepen** -- vgl. Hustekuchen, Pustekuchen / FEHLSCHLAG

fluddelig

abgegriffen (Geldschein, Groschenheft) / UNANSEHNLICH

Flügeletui <veraltend>

'Ast', Buckel eines verwachsenen Menschen / KÖRPER

Flummi <Kindersprache>
kleiner Ball aus Hartgummi, der besonders gut tuppt (beliebtes KinderSPIELzeug)

Flunschaugen
weiche Kontaktlinsen / AUGEN

Fluppe
ZIGARETTE

Flurschadenbretter
riesige SCHUHE

flusen
OHRFEIGEN, ins Gesicht schlagen, leicht und mahnend auf den Hinterkopf SCHLAGEN

Föhn
einen Föhn kriegen = Zustände kriegen, zuviel kriegen, etwas nicht mehr mit ansehen können / ÄRGER

Fott <die Fott; auch: Futt>
1. HINTERN; **2.** oft (in Zusammensetzungen) allgemein für MENSCH -- Meckerfott, Rappelfott

Föttken <das F.>
liebevoll für: (kleines) Hinterteil; stellvertretend auch für das ganze KIND

Freier
1. allgemeines harmloses Schimpfwort ("komischer Freier") / MANN; **2.** Kunde bei PROSTITUIERTEN

freuen
lach nich, freu dich anders = meist in dieser Form vorkommender 'Spruch'; auch: **freu dich, kauf dirn Bagger mit Beleuchtung**

Friede Freude Eierkuchen
ironische Redensart, Bezeichnung für völlige EINTRACHT nach vorausgegangenem Streit

friemeln
umständlich und in Kleinarbeit etwas BASTELN oder bewerkstelligen -- "da krisse ja ein am Appel bisse die Scheißstrippe im Schukostecker reingefriemelt hass"

Frierpitter
Mensch, der leicht fröstelt oder friert / WEHLEIDIG

frischmachen
jemanden frischmachen = **1.** jemanden auf Trab bringen, scheuchen / SCHIMPFEN; **2.** jemandem die Ohren langziehen / SCHLAGEN; **3.** auch: jemanden anmachen, aufgeilen / LÜSTERN

Fritten
Pommes frites / ESSEN; **Frittenstall** = IMBISS-, Pommesbude

Frollein
von Grundschulkindern verwendete Bezeichnung für ihre Lehrerin (gleichgültig, ob diese verheiratet ist oder nicht); der Hinweis, man wolle mit 'Frau' angeredet werden, führt bestenfalls zu Kompromissen wie: "Frollein Frau Overbeck" / LEHRER

Frosch <BERGBAU>
im 18. und 19. Jahrhundert gebräuchliche Grubenlampe / LAMPE

Fuchs <veraltend>
50-Pfennig-Stück / GELD

Fuchser
GEIZIGer Mensch, Pfennigfuchser

Fuffzehn
kurze Fuffzehn machen = ohne Umstände SCHLUSS machen, kurzen Prozeß machen, etwas SCHNELL zu Ende bringen

Führerschein
der hat seinen Führerschein doch auffe Rolltreppe gemacht = der fährt wie ein Idiot / FAHREN

Fummel
leichtes oder durchsichtiges KLEIDUNGsstück, entweder billig oder exzentrisch, frivol

Fummelbunker
SPIELhölle, Flipperbude (nicht: Tanzschuppen!)

Fünflöcherarzt
Otorhinolaryngologe (Hals-, Nasen-, OhrenARZT)

Funzel
LANGWEILIGer, dummer, nicht aktiver Mensch -- "hasse widdert ganze Wochenende vorde Glotze gehangen, du trübe Funzel du?"

für

1. kann (im Gegensatz zum Hochdeutschen) mit jedem weiteren Verhältniswort gekoppelt werden: "holmaen bisken Aufschnitt für auffet Brot" -- "happter nix für am Krissbaum zu hängen?" -- "hamse wat für gegenen Schnupfen, aber mit ohne Menthol?" / SPRACHE; **2.** ersetzt in Verbindung mit 'sagen' das Verhältniswort 'zu' -- "Anton, sachtä Cervinski für mich ..." (der klassische Anfang der "Kumpel Anton"-Kolumne von W. H. Koch in der "Westdeutschen Allgemeinen"); **geht nix für...** = es geht nichts über... -- "kannze sagen watte willz: geht doch nix füren heißen Wörlpuhl und dann anständig sich ein reintun" / GUT; **für gut** = für besondere Anlässe -- "die Jacke mitti ausgebuffte Tasche links kannzaber nich nehm für gut, ährlich, siehsse mit aus wien Dräßmänn beide Kleidersammlung" / KLEIDUNG

Fürst

schräger Fürst = harmloses Schimpfwort oder allgemeine Bezeichnung für einen sonderbaren, eigenwilligen, unzuverlässigen oder mit dem Odium des Unseriösen behafteten MANN

Furz-

Fürzepüppel = KLEINwüchsiger MENSCH; **Furzknoten** = herablassende, abwertende Bezeichnung für jemanden, den man nicht für voll nimmt, insbesondere unter Jugendlichen für jüngere oder kleinere KINDer; **Furzknubbel** = eher zärtliche Bezeichnung für ein kleineres KIND

Fuschzettel

Spickzettel, heimlich zur Prüfung mitgenommener Merkzettel / TÄUSCHEN

Fuß

wat anne Füße haben = reich sein, betucht sein, einer vermögenden Familie angehören

futschicato (perdito)

weg, futsch, nicht mehr da / VERLIEREN

Fuzzi <Figur aus einer US-Westernserie>

seltsamer MENSCH, den man nicht ganz für voll

nimmt, der eine 'Macke' hat oder sich sonst auffällig benimmt

Galoschen
SCHUHE, Stiefel

Galotte
knielange graue Bergmannsunterhose / KLEIDUNG

Ganeff <aus dem Jiddischen>
1. TROTTEL, Idiot (recht beleidigend); **2.** DIEB, GAUNER

gau <plattdeutsch>
SCHNELL (wird von Älteren noch gebraucht) -- "dann mussichma gau rennen"

Gebetbuch
das richtige / falsche Gebetbuch haben = zur 'richtigen' / 'falschen' politischen Partei gehören / POLITIK

Gebrassel <stimmhaftes S>
viel ARBEIT, Hektik

Gedatschter <Jugendsprache>
zwei Brötchenhälften, zwischen die ein Negerkuß gequetscht wird / ESSEN

Gedeck
vorgeschriebene GETRÄNKekombination oder Mindestbestellung in Diskotheken, Animierlokalen, z.B. 1 Pils und 1 Korn

gediegen!
1. eigenartig, absonderlich, merkwürdig; **2.** Ausruf oder auch Kommentar zu einer männlichen Person -- "dat issen Gediegenen!"

Gedöns <langes Ö>
1. unnötiges Aufhebens, Getue um etwas / ÜBERTREIBEN; **2.** überflüssiger KrimsKRAMs

Gefick
krummes Gefick = derb verächtlich für einen KLEINen oder mißgestalteten MENSCHen

geflappt
gleich krisse ein geflappt! = scherzhaft-liebevolle Androhung einer OHRFEIGE

Geflappter -- vgl. Flabes

Gegentum
im Gegentum = salopp für: im Gegenteil
gehoppt wie gesprungen
EGAL, Jacke wie Hose
geiern
laut und lang anhaltend LACHEN, insbesondere aus Schadenfreude; **auf etwas geiern** <Knastsprache> = gierig auf etwas warten / VERLANGEN
Geige
20-DM-Schein (wegen der auf der Rückseite abgebildeten Geige) / GELD
gekniffen sein, der Gekniffene sein
in einer ausweglosen oder mißlichen Lage sein, ausgetrickst worden sein / UNANGENEHM
Geleucht <BERGBAU>
Grubenlampe(n) / LAMPE
Gelsenkirchener Barock
allgemeine abfällige Bezeichnung für monumentalen KITSCH, insbesondere Möbel undefinierbaren Stils / MÖBEL
Gelulle
UNSINN, Geschwätz
Gepröddel
Durcheinander, UNORDNUNG; etwas ineinander Verfilztes; kaum zu entwirrendes Knäuel -- "hätzema sehn solln wie den Heinz sich die Ohren gebrochen hat alzer sichen Knopp annähn mußte! und wattat Schönste is: alzer fettich waa und hinten dat Gepröddel abgeschnitten hat, is der Knopp vorne wieder abgefallen"
Gequetschte
und 'n paar Gequetschte = Pfennigbeträge; letzte Ziffern einer größeren Zahl -- "Fümmenzwanzich Maak unten paar Gequetschte habbich für dat Kordong Blö gelöhnt" / GELD
Gerät
heißes Gerät = abwertend-anerkennend für ein sexuell attraktives MÄDCHEN
Gereck
langes Gereck = langer, dürrer MENSCH -- "der

kann doch ausse Dachrinne saufen, dat lange Gereck"

geregelt

etwas geregelt kriegen = etwas begreifen, auf die Reihe kriegen -- "also ährlich, dat krichichnich geregelt! wenn du jetz mittem Willi seim Auto zurückfährss und ich die Lotti abholen soll, wie kommt dann der Willi morng pünklich nachem Dienst?" / VERSTEHEN

geschenkt!

Ausruf, mit dem man jemandem das Wort abschneidet, um ihm klarzumachen, daß jedes weitere Wort (im positiven oder negativen Sinne) überflüssig ist

Geschlönz <kurzes Ö>

Innereien, Gekröse; im übertragenen Sinne auch: Kabelwirrwarr, Verdrahtung in elektronischen Geräten / UNORDNUNG

Geschoß

(schweres) Geschoß = stark wirkendes Medikament, insbesondere Schmerzmittel, Antibiotikum oder Tranquilizer

Gesicht

jemandem fällt etwas aus dem Gesicht = j. erbricht sich -- "alzer nach Hause kam, warer schon so breit dattihm dat Ahmtessen gleich widder aussem Gesicht fiel" / sich ÜBERGEBEN

gestuft

gestuft kochen = Gemüse, Kartoffeln und Fleisch getrennt zubereiten (im Gegensatz zum schlichten "durcheinander") / KÜCHE

Gezähe <BERGBAU>

1. Sammelbezeichnung für das Arbeitsgerät eines Bergmanns; **2.** auch scherzhaft für: Eßbesteck / WERKZEUG

gezz

häufig vorkommende Aussprache von: jetzt / SPRACHE

gibbeln

albern kichern; insbesondere Mädchen, die die

Köpfe zusammenstecken und hinter vorgehaltener Hand kichern / LACHEN; **Gibbeltante** = MÄDCHEN oder Frau, die ständig albern kichert / LACHEN

Gierschlund
gieriger Mensch, der 'den Hals nicht vollkriegen' kann; insbesondere jemand, der viel und hastig trinkt / VERLANGEN

gigstern
albern LACHEN, herumkichern

Gitsche
AUTO

Glabotki
Schlagwort für den gescheiterten Zusammenschluß der Städte GLAdbeck, BOTtrop und KIrchhellen / ORTSNAMEN

Glibber
glitschige MASSE wie z.B. rohes Eiweiß, Wackelpudding

Glimmer <Jugendsprache>
Schwips / BETRUNKEN

Glocken
(voll) **einen anne Glocken kriegen** = **1.** begeistert sein, etwas verrückt, fetzig finden, high werden / GUT; **2.** einen treffsicheren, entscheidenden SCHLAG abkriegen

Glubsche, Glubschkiste
FERNSEHGERÄT

gnatschen <kurzes A>
lautmalerisch für das GERÄUSCH, das entsteht, wenn man z.B. einen Wackelpudding in der Faust zerdrückt

göbeln
sich ÜBERGEBEN (weniger vulgär als 'kotzen') -- "musse göbeln? schnell, fitsch am Spülstein"

gofeln
ZIGARETTE rauchen

Gottfriedkuhlmann!
Vermeidungsform für einen Fluch / AUSRUF

Graf Koks (von der Gasanstalt)
Großkotz, ANGEBER, eingebildeter Mensch; auch: **Graf Rotz (von der Backe)**

Griffel
den Griffel weglegen = STERBEN, den Löffel abgeben

GRUGA
Erholungspark in Essen, Abkürzung von: Große RUhrländische GArtenbauausstellung (1929); zahlreiche Ableitungen: Grugabad, Grugabähnchen, Grugahalle, Grugaturm usw.

Gulpopo
scherzhaft für: Gulasch / ESSEN

Gummel
auffällig große oder krumme NASE; Zinken

Gummitwist
bei kleinen Mädchen beliebtes HüpfSPIEL, mit um die Beine gelegten Gummibändern

Gurke
salopp für: Bordell, Puff / PROSTITUTION

Gusch(e)
Maul, MUND -- "halt die Gusche"

gut
1. SEHR, reichlich, ordentlich (zur Bekräftigung bestimmter Eigenschaftswörter, insbesondere von 'warm' und 'voll'; meist mit ironischem Unterton) -- "hier isset aber gut warm bei euch inne Bude" -- "auffer Rückfahrt waret gut voll im Abteil"
2. Gut Flug! = Grußformel der BRIEFTAUBENzüchter

Haare
sich etwas in die Haare schmieren können = etwas wegwerfen oder vergessen können, weil es nichts taugt / AUFGEBEN

Hacke
Allerweltswort meist negativer Bedeutung -- "verdammte Hacke!" / ÄRGER

hacken
ich glaub es hackt! = Ausruf des ärgerlichen Erstaunens -- "ich glaub et hackt! willzewohl die

Fingers ausse Worzestersoße lassen? wie wennze hier bei ahme Leute währs" / ÄRGER

Hacken
einen inne Hacken haben = BETRUNKEN sein

Hahnepampel
mildes Schimpfwort für einen UNGESCHICKTen oder schlabbrigen MENSCHen

Halbgeflappter -- vgl. Flabes

Halligalli <wohl von 'hully gully' (Tanz)>
1. High Life, überschäumende Stimmung und Aktivität; **2.** <Knastsprache> gemütlich zusammensein / FEIERN

Hammer
1. etwas Unerwartetes, Schweres, Ärgerliches oder auch im positiven Sinne Überraschendes / ÜBERRASCHT; **2.** erigierter PENIS, Ständer

Hämorrhoidenschaukel
altes AUTO mit defekten Stoßdämpfern

Handgurke, Handpuste
HandFUNKGERÄT, Walkietalkie

Hängen
dann is Hängen im Schacht! = dann steht man dumm da, dann geht nichts mehr / PROBLEM / UNANGENEHM; **Hängen!** = Kommando für das Herablassen des Förderkorbs / BERGBAU

Hangendes <BERGBAU>
über dem Flöz liegende Gesteinsschicht

Hänger
schlapper LANGWEILIGer Mensch, mit dem nichts anzufangen ist

happig
1. knauserig, GEIZIG; **2.** unverschämt TEUER

Hasenbrot
wieder mitgebrachtes Pausenbrot / ESSEN

Hassan
abwertend für: Türke, Araber, Orientale, AUSLÄNDER

hau rein
hau rein dattet rumst! <Jugendsprache> = AbschiedsGRUSS; **hau rein, is Tango!** = Aufforde-

rung, sich (beim Essen, Musik machen usw.) keine Hemmungen aufzuerlegen / ENERGISCH

Hauer

1. <BERGBAU> Sammelbezeichnung für unter Tage beschäftigte Facharbeiter; **2.** große, auffallend vorstehende Vorderzähne

Haumichblau

Scherzwort: -- "geh inne Apotheke und sach, du wollz für fuffzich Fennich Haumichblau" / AUFZIEHEN

Hausheben

ein Hausheben veranstalten = unnötig Aufhebens, viel Wind um etwas machen / ÜBERTREIBEN

Haute Volaute <gesprochen wie geschrieben>

scherzhaft für haute volee, crème de la crème / LUXURIÖS

Hebamme

scherzhaft für: Flaschenöffner / WERKZEUG

Hebbert

Aussprache von: Herbert / VORNAMEN

Heia

BETT, Schlafstatt -- keineswegs nur Kindersprache, auch unter Erwachsenen gebräuchlich; **Heia machen** = SCHLAFEN

Heinrich

flotter Heinrich / Otto = DURCHFALL

Heiopei <Betonung auf der 1. Silbe>

unzuverlässiger MENSCH / MANN

Heizölferrari <Jugendsprache>

Mercedes Diesel / AUTO

helleweg <gesprochen: helleweech>

voll und ganz, ganz und gar -- "helleweech verrückt" / SEHR

Hemd

in seinem kurzen (auch: gewaschenen) **Hemd dastehen** = gekniffen sein, einer Situation nicht gewachsen sein -- "ehmt hatter noch den Oberzocker markiert, und jetz stehter da in seim kurzen Hemd" / UNANGENEHM; **ein langes Hemd anhaben** = LANGSAM sein, für etwas lange brauchen, nicht rechtzeitig fertig werden -- "Kerl inne Kiste, du hass ja heute widdern langet Hemd an"; **einem das Hemd am flattern machen** = einem ANGST machen, Schrecken einjagen durch eine unangenehme, beunruhigende Nachricht -- "schon widdern Schrieb vom Schiezmann? Mensch mach mich nich dat Hemd am flattern"; **jemanden aus dem Hemd hauen** = jemanden mit einem Schlag (insbesondere Kinnhaken) außer Gefecht setzen / SCHLAGEN

Hempels
wie bei Hempels unterm Sofa (im Wohnzimmer) = in UNORDNUNG, unaufgeräumt -- "so nu räumma wat auf, hier siehtet ja aus wie bei Hempels unterm Sofa"

Hengel
Griff (einer Tragetasche, Kaffeekanne)

Henkelmann
MetallGEFÄSS zum Warmhalten und Transportieren von Speisen, die man zur Arbeit mitnimmt / -MANN

Heringsstipp
zu kleinen Würfeln geschnittener marinierter Hering mit Gurken- und Apfelstückchen in Sahnesoße; dazu vorzugsweise Pellkartoffeln / ESSEN

Herzken
liebevolle, auch ironische Bezeichnung für einen lieb-doofen oder naiven MENSCHen; (nur noch) **Herzkes inne Augen haben** = verliebt sein, jemanden verliebt ansehen / LIEBE

Hibbel
unruhiges KIND, Zappelphilipp; **hibbelig** = aufgeregt, NERVÖS, zappelig

Hick, Hickeschlick
SCHLUCKAUF

hickehackevoll
sinnlos BETRUNKEN

hinkeln
KinderSPIEL: auf einem Bein durch Kästchen hüpfen, die mit Kreide auf die Straße gemalt

sind, und dabei einen Stein mit dem Fuß in bestimmte Felder schieben

sich hinpotten
sich hinsetzen (um länger SITZEN zu bleiben)

Hippe
die Hippe (= Ziege) **wolltauchen langen Schwanz ham** = Standardspruch zur ABLEHNUNG eines unsinnigen oder lästigen Kinderwunsches

hippelig -- vgl. hibbelig

Hirni
Bekloppter; einfältiger Mensch, der die einfachsten Probleme nicht lösen kann / TROTTEL

Hobbyflecken
Spermaspuren (in Bettlaken, Hose) / SEX / SCHMUTZ

Hobel
AUTO

Hocker
vom Hocker fallen = ÜBERRASCHT, erstaunt sein; **locker vom / übern Hocker** = spontan, ohne Skrupel, mit lockerer Hand; auch als Ermunterung / EINFACH

holen
gängiges Ersatzwort für: kaufen -- "willzedir nichdochen neuen Fernseh holen? Kuxich ja panne bei dat Geflimmer!" / KAUFEN

holla
geistig (insbesondere durch Trunkenheit oder Senilität) völlig weggetreten; auch: **hops und holla sein** / VERRÜCKT

hömma
zusammengezogen aus: hör mal (gesiezt: **hörnsema**) -- "hömma, mamma Schluß, gleich isset schon siem" / ANREDE / AUSRUF / SPRACHE

Hömmut
bevorzugte Aussprache von: Helmut / VORNAMEN

Hoppelpoppel
Bratkartoffeln mit Fleischwürfeln oder -streifen ('Bauernfrühstück') / ESSEN

Hörnchen zu fuffzig
BEULE in der Größe der Eisportion im Waffelhörnchen, die man früher für 50 Pfennig bekam

Hose
tote Hose = **1.** nichts los -- "ahms is doch in Essen echt tote Hose, da musse schon nach Düsseldorf inne Altstadt fahn" / LANGWEILIG; **2.** inaktiver, impotenter oder steinALTer MENSCH -- "in Bad Pyrmont laufen nur tote Hosen rum"

Hotte
Kose- und Kurzform für: Horst; **Hottemax** = Pferd / TIER

Hucke
1. jemandem die Hucke voll hauen = jemanden verprügeln / SCHLAGEN **2. sich die Hucke voll saufen** = sich besaufen / TRINKEN

huckelig
uneben -- "dat is ja nich zum Auszumhalten - auf sonne huckelige Wiese kannzedoch kein Bettminten spielen" / UNEBENHEIT

Hugo
1. scherzhaft für: Hautgoût -- "hömma, dat Schtihk hat abern leichten Hugo, finze nich?" / SCHLECHT; **2.** ZIGARETTE

Hülemule
1. zum WEINEN verzogener Mund; **2.** Heulsuse

Hümme(l)ken
kleines KüchenMESSER, Kartoffelschälmesser

Hümpel
Haufen, MENGE -- "unnen Hümpel von Blagen"

hümpeln -- vgl. hinkeln

Hümpsken
KIND, das hinkt oder humpelt; nicht boshaft, sondern eher zärtlich-mitfühlend und bedauernd

Hund
<BERGBAU> **1.** unter Tage eingesetzter kleiner, kastenförmiger FörderWAGEN; **2. schmeckt wie Hund (von) hinten** = schmeckt scheußlich, eklig / SCHLECHT; **3. da wird ja der Hund inne Fanne verrückt** / AUSRUF des Erstaunens

Hunderterschraube
Flasche BIER; vom Durchmesser der Flasche, analog '17er-Schlüssel'; Durchmesser ist aber nur 70 mm

Hustekuchen !
Ausruf, der eine enttäuschte Erwartung ausdrückt: denkste! von wegen! / FEHLSCHLAG

i-Männchen -- vgl. Dötze

Immchen
Kosename oder Anredeform für MANN -- "Immchen komma her und gib ette ma en Schmatz"

impig
KLEIN, unscheinbar, mickrig, häßlich

innen
sich von innen bekucken = vor Übermüdung oder Trunkenheit ins Leere gucken, starren / SCHLAPP

Ipschek <polnische Endung>
Sohn, KLEINer, Sohnemann; / KIND; **ipschig** = winzig, mickrig, unterentwickelt / KLEIN / UNANSEHNLICH

irngswie, irngswo <typisches Einschub-S>
"irngswie hatte der ja mehr Bildung gelernt als mancheinen" -- "irngswo verdient hätter dat"

is nich
gibt es nicht, findet nicht statt -- "da kannze richtig Schotter machen beide Saudis, nur Saufen is nich" / ABLEHNUNG

is wat?
besorgte, manchmal auch Unschuld oder Unkenntnis heuchelnde Frage, wenn jemand ein mürrisches Gesicht macht, lange Zeit schweigt oder auf sonstige Weise seine Unzufriedenheit erkennen läßt, ohne den Grund zu nennen / AUSRUF

Jaffamöbel
Wohnungseinrichtung aus Obstkisten / MÖBEL

jau <stets laut gesprochen>
drückt Bekräftigung oder Zustimmung aus: JA, jawoll; häufig auch in der Kombination "jau, ej"

Jaust
Bengel, frecher Junge, Blag; Mehrzahl: **Jäuster** / KIND

jee <Kindersprache>
bejahendes Gegenstück zu: 'nee' -- "ich krichet auch mim Schraumzieher auf!" -- "glaubichnich" -- "sach feige" -- "tuße ja donnich" -- "doch, ich mach dat" -- "nee" -- "jee" -- "nee" -- "jee" (usw., geht in der Regel nahtlos in eine Klopperei über) / JA

jipperig, jiepern
gieprig auf etwas sein, heftig VERLANGEN

Jonteff <aus dem Jiddischen>
neuer Jonteff = neuer Anzug, neue KLEIDUNG

Jordan
über den Jordan sein = **1.** gestorben sein / STERBEN; **2.** hin sein, KAPUTT, vgl. Wupper

Jück
auf den Jück gehen = AUSGEHEN, einen freien Abend nehmen, einen Kneipenbummel machen, 'aushäusig' sein -- "sach Bescheid wenn dein Ollen widder auffen Jück geht; dann kommichma auffen Sprung mit ne Pulle Schampus vorbei: sollz onnich lehm wien Hund"; **jückeln** = **1.** herumGEHEN; **2.** auch: **juckeln** = (ziellos oder gemächlich) mit dem Auto herumFAHREN

Kabachel <das K.>
altes HAUS

Kabäusken, Kabause
Verschlag, AbstellRAUM

käbbeln
zanken, balgen, harmlos miteinander STREITEN (besonders unter Kindern) / SPIEL

Kabinenexpreß <Taubenzüchtersprache>
LKW mit kistenförmigen Kabinen, in denen die Brieftauben zum Abflugort gebracht werden / BRIEFTAUBEN

kacheln
stark windig sein -- "Mensch, dat kachelt heute vielleicht widder"

Kack
etwas LÄSTIGes, Unangenehmes, Unnötiges -- "fürde Hantabeizstunde mußtenwer jedesma Gaan und Zwiern und all son Kack mitbringen"; **in die Kacke geblasen haben** = derb für: viele Sommersprossen im Gesicht haben; **auf die Kacke hauen** = ÜBERTREIBEN, angeben; **Kackstelzen** = derb für: BEINE; **Kackstuhl** = Bild beim KEGELN (Vorderholz, König und beide Hinterdamen; wenn auch das Hinterholz noch steht: 'Kackstuhl mit Lehne')

Kaffer
hergelaufener MENSCH, AUSLÄNDER, MANN

Käffken
KAFFEE, insbesondere die Tasse 'zwischendurch' -- "willzen Käffken oder liebern Konjack?"

Kafuck
mit Kafuck = mit Kraft und Schwung -- "jetz schieb nochma an, aber mit Kafuck" / ENERGISCH

Kahn
einen im Kahn haben = BETRUNKEN sein

Kalabreser
großes Gerät, z.B. große Bohrmaschine, schwere Pistole / GEGENSTAND

Kalberkopf
alberner MENSCH, Kindskopf / LACHEN

Kall
einen Kall machen, kallen = REDEN, quasseln, etwas ausgiebig besprechen

Kalla, Kallemännken, Kalli
gebräuchliche Anrede- und Rufformen für: Karl / VORNAMEN

kalt
noch son kalten unnet wird Winter = schlechter WITZ, Kalauer

Kamuffel
dummer, einfältiger MENSCH; nicht beleidigend, sondern eher zärtlich und verständnisvoll / TROTTEL

Kaneh
Carnet (bis Anfang der achziger Jahre übliche Streifenkarte der Straßenbahn) / FAHREN

Kanne
scherzhaft für: Glas oder Flasche BIER / GEFÄSS

kannzema
würdest du bitte; noch höflicher: **kannzenichma** (Betonung bleibt auf der 1. Silbe) = könntest Du vielleicht bitte -- "Kannzema ehmt für mich anne Bude?" "Ich? Binnich dein Peias? Kannzmichma!" / BITTEN

Kanten
knapper HAARschnitt -- "samma, dir hamsejama widdern Kanten geschoren"

kapaaftig
AUSRUF, mit dem eine besonders rasche und heftige Bewegung begleitet oder beschrieben wird. -- "und dann habbich ihm kapaaftich eine gescheuert, dasser total vonne Socken war und gekuckt hat wien Auto" / ENERGISCH

kapito <von italienisch 'capito'>
klar, verstanden; positiv zur rhetorischen Bekräftigung, negativ meist in der Form 'nix kapito' / BEKRÄFTIGUNG / KLAR

Kappes
1. Kohl, Weißkohl / ESSEN; **2.** KOPF; **3.** UNSINN, etwas Überflüssiges, Lästiges -- "is do Kappes watte da machs"; **Kappeskopp** = dummer, einfältiger Mensch / TROTTEL

kapüh
kaputt, insbesondere: erschöpft, fix und fertig, SCHLAPP

kaputt
wat is, gehsse kaputt? = besorgt-mitfühlende Frage nach dem Befinden eines vertrauten Mitmenschen, der einen Hustenanfall hat oder sich verschluckt hat und nach Luft ringt / KRANK; **Kaputtnik** = (insbesondere wegen körperlicher Schwächen oder Behinderungen) unfähiger oder

nicht voll einsatzfähiger MENSCH / KRANK; **kaputtschreiben** = (Arzt:) arbeitsunfähig schreiben, vor allem wegen Berufskrankheiten / KRANK

Karmine machen <Knastsprache>
ÜBERTREIBEN, Aufhebens machen; Schauer- oder Lügenmärchen erzählen -- "Mensch mach nich sone Karmine"

Karre
altes AUTO, auch Motorrad; **einen vor die Karre hauen** = einen vor den Latz knallen / SCHLAGEN; **doof wie ne Karre Asche** = dumm, dämlich / TROTTEL

Karro
Butterbrot / ESSEN

Karte odern Stück Holz!
ungeduldige Aufforderung, beim Kartenspiel, endlich auszuspielen / SPIELEN

Karton
gleich rappeltet im Katong! = gleich gibt es handfesten Ärger / DROHUNG

Kaschott
1. GEFÄNGNIS; **2.** enger, dunkler RAUM; **3.** BETT -- "nu geh ma schnell in dein Heia-Kaschott"

Käse
Käseblatt <Schülersprache> = ZEUGNIS; **Käsemauken** = FÜSSE, Stinkfüße; **Käsköppe** = abwertend für: Holländer / AUSLÄNDER

Kasus knacktus
springender Punkt, Angelpunkt eines PROBLEMs

Katerno
Monte Katerno = Katernberg (Stadtteil im Norden Essens) / ORTSNAMEN

Katze
rubbel die Katz = eh man sichs versieht / SCHNELL

Katzoff <von jiddisch 'katzew'>
Metzger (Mehrzahl: Katzoowen)

Kawenzmann
1. großer GEGENSTAND; **2.** großer, schwerer MENSCH / -MANN

Kawumm, Kawupp, Kawuppdich -- vgl. Kafuck

Keks

auf den Keks gehen = auf die Nerven gehen / LÄSTIG; **Keks(e)** = (üppige) weibliche Brust / BUSEN

Kellen

große OHREN, Segelohren

Kerl inne Kiste!

Ausruf der Verblüffung oder Verwunderung / ÜBERRASCHT

Kernbeißer

kleinlicher Mensch, PEDANT, Korinthenkacker

Kesselflicker

(sich) **zanken wie die Kesselflicker** (auch: Besenbinder) = ständig heftigen, handgreiflichen, kleinlichen STREIT miteinander haben

Keule <Jugendsprache>

junges MÄDCHEN, Teenager, weiblicher Lehrling -- "ej, Keule, komma her"

Kichererbse

alberner Mensch, insbesondere kleines MÄDCHEN, das ständig grundlos kichert / LACHEN

kiebig, kiewig

kratzbürstig, wütend, verÄRGERt

Kieker

jemanden auf dem Kieker haben = jemandem nicht wohl gesonnen sein; jemanden genau beobachten, um ihm einen Fehler vorwerfen zu können / VERABSCHEUEN

Kiki

1. kleiner Junge (leicht verächtlich) / KIND; **2.** UNSINN, wertloses Zeug, auch: **Kikifax; 3.** Kosename für: Christian und Erika / VORNAMEN

Killefitt

UNSINN, dummes Zeug, abwegiger Vorschlag

Killepitsch

1. aus Alkoholresten zusammengeschüttetes GETRÄNK mit meist verheerender Wirkung **2.** Name eines 42%igen Markenlikörs

killern
kitzeln
Kindersärge
riesige SCHUHE
Kino
1. im Kino! = Ausruf, bei dem man sich an die Stirn tippt; bedeutet etwa: das glaubst du doch selbst nicht! nie und nimmer! -- "die ganzen Bücher für lau? hier! im Kino" / VERRÜCKT / ABLEHNUNG; **2.** beliebter Juxdialog: "Wo gehsse?" "Im Kino!" "Wat gehmse?" "Quo vadis" "Wat heißtat?" "Wo gehsse" "Im Kino" usw.
Kippmännchen
ins Mauerwerk eingelassene, kippbare Arretierung für FENSTERläden; der zum Arretieren hochgekippte Teil hat die Form einer Männerbüste
kirre machen
becircen, VERWIRREN
Kiste
in die Kiste gehen = **1.** ins GEFÄNGNIS gehen; **2.** ins BETT gehen; **3. Kiste Licht** = scherzhaft für: Schachtel STREICHHÖLZER (vgl. Schächtelchen Bier)
Kitschauge
blaues Auge / SCHLAGEN
Kitschback
1. Nippes, KITSCH; **2.** dahergeredeter UNSINN
Kitsche
Kerngehäuse mit Stiel, z.B. Apfelkitsche
Kitt
da fällt einem der Kitt aus der Brille = Ausdruck der Überraschung / ÜBERRASCHT
klackern
ein lautes GERÄUSCH wie von mehrfach aufeinanderstoßenden harten Gegenständen
kladdernaß, kletschnaß, pladdernaß
durchnäßt (insbesondere Kleidung, Fell) / NASS
Klammerblues
Musik, zu der man sehr langsam und eng TANZen kann

Klamotten
1. persönliche AUSRÜSTUNG, Habe; **2.** KLEIDUNG
klamüsern
ohne Hast vor sich hin werkeln, auch: **rumklamüsern** / BASTELN
Kläppchen
ein Kläppchen machen = ein paar Runden Karten SPIELen
klar wie Klärchen
sonnenklar, klar wie Kloßbrühe / KLAR
klaro?
abgemacht? ist das KLAR?
klatschdich
AUSRUF, der ein klatschendes, plötzliches GERÄUSCH bezeichnet -- "und dann hat er mir klatschdich eine gescheuert"
Klauber <BERGBAU>
Bergmann, der über Tage Kohlestücke aus dem Abraum heraussucht ("klaubt")
Klaubock
jemand, der ständig kleinere DIEBstähle begeht
Kläuer
mild-vorwurfsvolle Bezeichnung für jemanden, der beiläufig etwas stiehlt oder ohne zu fragen mitnimmt -- "du ollen Kläuer, hasse wieder meine Danone aussem Kühlschrank gemopst?" / DIEB
Klebe
große Schußkraft beim FUSSBALLspiel -- "Mann, hat der ne Klebe am Leib"
Klein-Chicago
Obdachlosenviertel; unsicheres GroßSTADTVIERTEL mit hoher Kriminalitätsrate
klemmen
etwas unterschlagen, zurückhalten/ UNEHRLICH
Klepperhannes
1. altes Pferd / TIER; **2.** alter, gebrechlicher MANN
Kletsch
eine gewisse Menge einer weichen Substanz --

"gibmanochen Kletsch Sahne aufen Flaumkuchen" -- "is nochen Kletsch Mammelade da?"; auch: **einen Kletsch** (Klatsch) **Wasser ins Gesicht kriegen** / MENGE; **kletschnaß** vgl. kladdernaß

Klick-Klack-Kugeln

1. KinderSPIELzeug: zwei Holzkugeln an zwei verbundenen Bindfäden; durch rasches Auf- und Abschnellen führen die Kugeln halbkreisförmige Bewegungen aus und erzeugen dabei ein lautes Klackern; davon abgeleitet: **2.** spöttisch: Geisha-Kugeln (aus Japan stammender SEXartikel, der aus zwei miteinander verbundenen Kugeln besteht)

Klimpergeld

TaschenGELD, das man mitnimmt (insbesondere Münzen in der Jackentasche), um es für Krimskrams oder persönliche Bedürfnisse auszugeben

Klingelmännchen spielen

Kinderstreich: an den Haustüren KLINGELN und weglaufen / SPIEL

kloppen

Allerweltswort für: ableisten, machen -- "Überstunden kloppen", "eine Schicht kloppen" / ARBEIT; **Klopperei** = derb-fröhliches Handgemenge, insbesondere unter Kindern; weniger verbissen als eine Schlägerei / SCHLAGEN

Klops

originelle, unerwartete oder völlig verfehlte Äußerung oder Verhaltensweise -- "ich kann dat nich mehr mit ansehn wie den Kerl einen Klops nachem andern bringt" / WITZ / FEHLSCHLAG; **klopsig** = WITZig, unerwartet, originell, skurril

Klotschen

SCHUHE; **einen inne Klotschen haben** = angetrunken oder BETRUNKEN sein

Klotten

1. KLEIDUNG; **2.** Sachen, Krempel / AUSRÜSTUNG

klucken -- vgl. rumklucken

Klümmchen, Klümken <Mehrzahl: Klümkes>
BONBON

Klüngel <Mehrzahl: Klüngels>
1. alte KLEIDUNGsstücke; **2.** unbrauchbarer Hausrat / KRAM; **3.** Filz, Verfilzung in POLITIK und Verwaltung; **Klüngel miteinander haben** = **1.** unseriöse GESCHÄFTe miteinander betreiben; **2.** STREIT miteinander haben; **Klüngelskerl, Klüngelspitt(er)** = Altwarenhändler, der mit Pferd und Wagen durch die Straßen fährt und auf einer Blechflöte bläst, um auf sich aufmerksam zu machen ("Lumpen, Eisen, Altpapier") / MANN; **Klüngelskolonie** = Siedlung für sozial Schwache -- "jetz hat mich dat Frollein nehm son Stinkminchen ausse Klüngelskolonie gesetzt" / STADTVIERTEL

klüngelig
1. LANGSAM; **2.** unordentlich / UNORDNUNG

Klüsen
1. AUGEN, insbesondere von Schlaflosigkeit oder einer Zechtour verquollene Augen -- "wat mussersich auch mitti Drecksfingers immer dranrumreim, jetz hatter Schmant inne Klüsen un kannich im Hellen kucken"; **2.** (im HAAR:) verfilzte Stellen / UNORDNUNG

knacken <Knastsprache>
1. SCHLAFEN; **2.** anfangen, mächtig loslegen -- "komm, Ärwin, laß knacken!" / ANFANGEN

Knackfuß
abwertend für: AUSLÄNDER, dummer MENSCH

Knackpunkt
springender Punkt; Kern- und Angelpunkt eines PROBLEMs

Knäppchen
1. Anfangs- oder Endstück eines Brotlaibs / ESSEN; **2.** spärliches HAAR, kurzer Haarschnitt

Knappschuß <BERGBAU>
Sprengung mit ungenügender Bohrlochtiefe / BERGBAU; **einen Knappschuß haben** = nicht richtig im Kopf sein, VERRÜCKT sein

Knarre
1. WERKZEUG zum Schraubendrehen; 2. Pistole, Revolver / SCHUSSWAFFE

Knastrologe, Knastologe
1. Strafgefangener, Knacki; 2. speziell: jemand mit reicher Knast-Erfahrung / GEFÄNGNIS

Knatsch <langes A>
mit jemandem Knatsch haben = mit jemandem STREIT, ÄRGER haben; **Knatschkopp** = ständig unzufriedener, an allem herummäkelnder Mensch / NÖRGELN

Kneisterpott
(insbesondere halsstarriger oder verbiesterter) ALTer MANN

knibbeln
an einer Sache herumfummeln oder herumfriemeln und dabei kleine Stückchen abreißen; z. B. an den Fingernägeln knibbeln / NERVÖS; **Knibbelkopp** = NERVÖSer Mensch, der dauernd etwas mit den Fingern zerfriemelt

Knicker
Murmel; die billigeren, zerbrechlichen aus bemaltem Ton, die guten aus buntem Glas; **knickern** = auf der Straße mit Murmeln spielen; **Knickerpott** = die Kuhle, in die man die Knicker hineinbefördern muß / SPIEL

Knickerwasser
billiges Selterswasser, das (bis etwa 1952) an Buden verkauft wurde: als Verschluß diente ein Knicker, den die Kohlensäure von unten in die Flaschenöffnung preßte und der zum Trinken mit dem Finger in den Flaschenhals hinuntergedrückt wurde / GETRÄNK

Knies(t)
ÄRGER, STREIT, insbesondere unter Menschen, die ständig zusammen leben oder arbeiten

kniepig
knauserig, GEIZIG

Kniepstiebel
Geizkragen / GEIZIG

Kniest
fettiger SCHMUTZ, der sich im Laufe der Zeit (besonders an unzugänglichen Stellen) festgesetzt hat

Kniffte, Knifte
Butterbrot, Stulle, speziell: in der Mitte zusammengeklappte, belegte Brotscheibe, die aus der Hand gegessen wird / ESSEN

Knippchen
kleines KüchenMESSER, Kartoffelschälmesser

Knipperdolling
KLEINgewachsener MENSCH

Knirbel
1. kleiner Drehknopf, kurzer, schwer zu fassender STUMMEL oder Stumpf -- "du muss erssen Knierbel aussem Fiersich rausdrehn"; **2.** Nasenpopel / NASENSCHLEIM; **knirbeln** = mit den Fingerspitzen herausdrehen oder abdrehen

Knödelfriedhof
dicker BAUCH -- "wat heißt hier Knödelfriedhof? für mich issen Mann ohne Bauch en Krüppel"

Knöllchen
gebührenpflichtige Verwarnung, insbesondere wegen Falschparkens, die -- mit einer Zahlkarte verbunden -- hinter den Scheibenwischer geklemmt wird / STRAFZETTEL

knollig
ulkig, grotesk, paradox -- "issat nich knollig?" / WITZ

knöttern
NÖRGELN, an etwas herummäkeln, aber nicht heftig, sondern beständig, halblaut, greinend -- "erss hier ein rumknatschen un knöttern undanndonnich wechwollen"; **Knötterkopp** = unzufriedener, NÖRGELNder Mensch

Knubbel
1. dicker MENSCH; **2.** dichte Anhäufung von Menschen oder Gegenständen / MENGE; **3.** Verdickung, z.B. warzenförmige Hautveränderung; **knubbeln** = **1.** schmusen, zärtlich sein, knutschen

/ LIEBE; **2.** gehäuft und eng aneinandergedrängt auftreten -- "im September knubbeln sich bei mir die Termine

knüddeln
ZERKNITTERN, verknautschen, zusammenknüllen

knuffig
niedlich, originell, putzig / GUT

Knülli
Freund, mit dem ein Mädchen geht / MANN

Knüppel
schmeckt wie Knüppel auffen Kopp = schmeckt scheußlich / SCHLECHT

knuselig
verknautscht / UNANSEHNLICH

Knüssel <stimmhaftes S>
Liebelei, Verhältnis -- "stimmtat eingtlich dat den Friedhelm en Knüssel mitti Czepluch ausse Versandabteilung haam soll?" / LIEBE

knüsselig <stimmhaftes S>
unsauber, UNANSEHNLICH, schmutzig, ärmlich und kleinkariert

knüstern <langes Ü>
mit Geschick und Einfallsreichtum etwas Handwerkliches zusammenBASTELN

Knütsch
Knoten, besonders der Haarknoten (Portierszwiebel) / HAAR

Kö
Abkürzung für: Königsallee (in Düsseldorf) -- "wat hälze vonnem Köbummel und dannen töfften Zuch durche Altstadt?" / ORTSNAMEN

Kober
abfällig für: Freund, Zuhälter / MANN

Kohlen-
Kohlenpott = nach allgemeiner Übereinkunft ungefähr das Gebiet von Essen, Gelsenkirchen über Wattenscheid bis Herne und Wanne-Eikel (nicht identisch mit dem "Ruhrgebiet"); **Kohlentröte** <langes offenes Ö> = GEFÄSS, mit dem man Kohlen aus dem Keller holt und in den Ofen füllt

Kölner Dom
willzemaen Kölner Dom sehn? = grausames KinderSPIEL: bejaht das arglose Kind die Frage, preßt man ihm die Handflächen an die Ohren und hebt es mit diesem Griff hoch (unter dem Vorwand, so könne es am Horizont den Kölner Dom sehen)

kolone
wirr, durcheinander, durchgedreht -- "laber nich son Scheiß, du machs einen ja ganz kolone im Kopp" / VERWIRREN

Kolonie <sprich: Kollenie>
Siedlung, insbesondere Bergarbeitersiedlung

Komfort
mit allem Komfort <Kommvor> **und Zurück** = scherzhaft für: LUXURIÖS, mit allen Schikanen

kondom
mit jemandem kondom gehen = scherzhaft für: mit jemandem konform gehen / EINTRACHT

Konfuzius
(von konfus) **jemanden ganz Konfuzius machen** = jemanden VERWIRREN, durcheinanderbringen

Konkurs <Taubenzüchtersprache>
Brieftauben-Flugwettbewerb; **Konkurszeit** = Zeit vom Auflassen der Tauben bis zur Rückkehr der letzten Preistaube (der letzten Taube, die noch einen Preis gewinnt) / BRIEFTAUBEN

können
kann ichma'n Klümmken? (ergänze: haben, kriegen) / BITTEN

Konstatieruhr <Taubenzüchtersprache>
Uhr, mit der bei einem Wettbewerb die Flugzeit der einzelnen Brieftauben registriert wird; vgl. Uhr / BRIEFTAUBEN

Konsum <Betonung auf der 1. Silbe>
Ladengeschäft der (von co-op übernommenen) früheren 'Kruppschen Konsumanstalt'; das Wort wird häufig auch 'Komsun' ausgesprochen: "Gehsse?" "Komsun." "Holze?" "Bratswurst." "Waaze?" / KAUFEN

Kopf
einen Kopf wie ein Rathaus haben = **1.** einen Brummschädel haben (Kater, Kopfschmerzen) / BETRUNKEN; **2.** zu viele Informationen und PROBLEMe im Kopf haben, nicht mehr ein noch aus wissen; **das hältste ja im Kopf nicht aus** <Betonung auf 'Kopf'> = etwas unerträglich, unglaublich, absurd finden -- "Huch! wattu Wöater kannz! dat hälze ja im Kopp nich aus" / VERABSCHEUEN / ÜBERRASCHT; **einen Kopfschuß haben** = **1.** total BETRUNKEN sein; **2.** VERRÜCKT sein / TROTTEL

Köpi
Abkürzung für König-Pils (Duisburger BIERmarke)

Kopp
panne im Kopp sein = äußerst dämlich, verrückt sein / TROTTEL

koppheister gehen
KAPUTTgehen, zerstört werden, umkommen / STERBEN

korrekt
1. <Jugendsprache> anstrengend, aufreibend, mit viel ARBEIT verbunden; **2.** genau, RICHTIG, z. B.: "korrekt unsere Richtung"

Köttel
1. (rundlicher, fester) Kot -- "der Sandkasten is widder so vollgeköttelt, da is selbs die Ullige fies vor"; **2.** kleines KIND; **Köttelbecke** = kleiner offener, in einer Betonrinne geführter und meist übelriechender Abwasserkanal

Kotten
1. kleines, freistehendes HAUS; **2.** scherzhaft für das BEHÖRDEngebäude, in dem man ARBEITet -- "Mann, wennich dran denk dattich morng früh widder im Kotten muß, kommtet mir schon widder hoch"

Kötter, Köttersleute
Bewohner eines Kotten (auf dem Zechengelände), die in der Übergangszeit zur Industrialisierung sowohl Land- wie Zechenarbeiter waren

krabitzig
angriffslustig, kratzbürstig, mit Haaren auf den Zähnen -- "Mutter, wat hasse denn, bisse etwa meinxwegen so krabitzig? Ährlich, ich hab mitti Piepschau egal nix am Hut, kannze drauf an!" / ÄRGER

Kralle
bar auf Kralle = (Lohn) bar in die Hand / GELD

Krampe
1. U-förmig gebogenes, kurzes Stück Draht, das man mit einem zwischen Daumen und Zeigefinger gespannten Gummiband wie mit einer SCHLEUDER abschießen kann; **2.** Niete, Flasche, unfähiger Mensch, VERSAGER (besonders im Sport)

Krane(n)berger
scherzhaft für: Leitungswasser als GETRÄNK (von Wasser-**Kran**)

kratzen
sich hier kratzen können (dabei hält man die beiden Hände je 10 cm seitlich vom Kopf und wackelt mit den abgespreizten Mittelfingern) = einen Kater mit starken Kopfschmerzen haben / BETRUNKEN

am Krausen Bäumchen
heute noch ein Essener Straßenname; **du biss noch lang nich am** (auch: überm) **Krausen Bäumchen** = du bist noch nicht übern Berg, hast noch nicht das Schlimmste überwunden, noch nicht alles hinter dir (vermutlich verlief nahe dieser Stelle, am südöstlichen Stadtrand von Essen, die Gerichtsgrenze) / ORTSNAMEN

Krefelder
1. Pils mit Limonade; **2.** Altbier mit Cola / GETRÄNK

Krepel
UNANSEHNLICHes, mickriges, mißgestaltetes, unterentwickeltes Exemplar (Pflanze, TIER, MENSCH) -- "dein Gummibaum, dat is abba vielleichten Krepel"; **kreplig** = UNANSEHNLICH, mickrig, KLEIN und häßlich; **rumkrepeln** = sich

MÜHSAM über Wasser halten, dahinvegetieren, kränkeln / KRANK

kretten

sich kretten um = sich krummlegen für, sich um etwas kümmern / sich BEMÜHEN

Kreuz

nicht aus dem Kreuz kommen = **1.** (im übertragenen Sinn:) nicht hochkommen, den Durchbruch nicht schaffen; **2.** <CB-Funker-Sprache> keine große Reichweite erzielen (wegen ungünstiger Lage, zu kleiner Antenne oder zu geringer Sendeleistung)

kriegen

ich glaub mich kriegense = ich glaub, ich werd verrückt / ÜBERRASCHT

krisset

kriegst du es -- "wat is, krisset nich auf?"

Kröch <kurzes Ö>

alter Hund, Köter / TIER

kröchzen

heiserer HUSTEN ('kratziger' Husten)

Kröer

abwertend für: Hund / TIER

Kroppzeug

wertloses Zeug / KRAM

Kros <langes offenes O>

KRAM, Krimskrams; **krosen** = KRAMen; ungestört und in aller Ruhe etwas suchen, umräumen oder basteln

Krösken <langes offenes Ö>

Techtelmechtel, Verhältnis / LIEBE

krötig

(von einem Kind:) ungezogen, aufsässig / ÄRGER

Krotz, Krötzken

kleines KIND -- "weissat nich mehr, alzwer noch Krötze waan ..."

krücken

1. schwer (und ohne spürbaren Erfolg) ARBEITEN -- "du hass dat ganze Leben nur gekrückt", vgl. abkrücken; **2.** TÄUSCHEN

Krümelkacker -- vgl. Pieselkopp
krümmel-
krümmelig = mickrig, unbedeutend, KLEIN (von Geldbeträgen); **Krümmelsbetrag** = KLEINbetrag, 'krummer' Pfennigbetrag / GELD
krüssel- <stimmhaftes S>
krüsselig = kraus, gekräuselt; **Krüssellöckchen** = kleine, krause Locken / HAAR
Kubitschko
auf Kubitschko kaufen = SCHULDEN machen, auf Raten, auf Pump kaufen
kucken
gängige Aussprache und Schreibweise von: gucken / SEHEN; **sieh mal einer kuck** = (meist ironischer) AUSRUF: na sowas, schau an!
Kuddelmuddel
Gemauschel, Durcheinander, UNORDNUNG
Kuffnucken <nur Mehrzahl>
verächtlich für: AUSLÄNDER, Südländer
Kugel
Kugelbude = SPIELhölle, insbesondere für verbotenes Roulette; **kugeln** = **1.** Roulette SPIELen; **2.** als Croupier arbeiten; **Kugelporsche** = VW Käfer / AUTO
Kuh
die schwarze Kuh im Stall haben = einen Priester in der Familie haben
kulone -- vgl. kolone
kumma
zusammengezogen aus: kuck mal (geziezt: kungsema) -- "Kumma, Omma, wattat Böötchen fitscht! Daaf dat dat?" "Dat daaf dat." "Dattattat daaf!" / SPRACHE
Kump
klobiger Becher, Suppentasse aus Steinzeug -- "willzen Kump Kaffee mithaam?" / GEFÄSS
Kumpel
1. BERGMANN; **2.** FREUND, Kamerad, Arbeitskollege / MANN; **kumpelig** = hilfsbereit, kameradschaftlich, zu einem Freundschaftsdienst bereit

Kunt <die K.>
HINTERN -- "Morgenstund hat Gold im Mund und Blei inne Kunt"

Kurmel
UNORDNUNG, Durcheinander

Kurzer
1. KIND -- "brinxe die Kurze mit, oder läßtese bei Omma?"; **2.** Glas Schnaps / GETRÄNK

Kusselkopp <stimmhaftes S>
Kusselkopp schießen = Purzelbaum schlagen / SPIEL

Kux <BERGBAU>
verbriefter Anteil an einer bergrechtlichen "Gewerkschaft", der speziellen Rechtsform für eine Bergwerksgesellschaft

labern
lange und umständlich REDEN; Belangloses oder Unsinn erzählen; **Laberkopp** = Schwätzer

Lackschuh -- vgl. barfuß

Landei
MÄDCHEN, das vom Lande kommt, so aussieht oder sich so benimmt

lang
jemanden lang machen = jemanden anmachen, aufgeilen / LÜSTERN

Langen <4. Fall = 'Anrede'-Fall>
ANREDE unter Jugendlichen, besonders gegenüber einem (nicht notwendigerweise unbekannten) großgewachsenen Menschen -- "ej, Langen, schmeißma den Aschenbecher rüber" / MANN

Lapiralla
UNSINN, belangloses Zeug

Lappes
1. flapsiger Mensch / MANN; **2.** belangloses Zeug, UNSINN

Larri machen
Theater, ÄRGER, STREIT anfangen

Laterne
schmeckt wie Laterne ganz unten = schmeckt abgestanden, eklig, scheußlich / SCHLECHT

Latte
hohe ZechSCHULDEN
Lattenschuß
einen Lattenschuß haben = nicht alle auf der Latte haben, VERRÜCKT sein
Latüchte
1. Laterne, LAMPE; **2.** KOPF
latzen
ZAHLEN, berappen, vor allem unfreiwillig
lau
für lau = gratis, UMSONST, geschenkt; **Laumalocher** = jemand, der sich vor der Arbeit drückt; arbeitsscheues Subjekt; **Laumann, Lauschepper** = jemand, der auf Kosten anderer lebt, insbesondere trinkt oder raucht / SCHNORREN / -MANN
Lauscher
OHREN
Lebbe <auch: **lange Lebbe**>
mißmutiger, auch leicht blöder GESICHTSAUSDRUCK -- "etteken läßt mal wieder de Lebbe hängen"
lecker
1. ziemlich, SEHR -- "ihr haptat aber lecker waam inne Bude"; **2. lecker Dierken** = niedlich, SCHÖN anzusehn -- "wat unser Marion is, dat wird son richtich lecker Dierken, mit blonde Haare un so"
leckomio
AUSRUF (abgeschwächtes Götz-Zitat), mit dem Verblüffung, Bedauern oder VerÄRGERung ausgedrückt werden, nicht aber die Ablehnung eines Ansinnens / ÜBERRASCHT
Leibchen
leck mich doch am Leibchen = harmlose Abschwächung des Götz-Zitats; drückt Erstaunen, Überraschung oder Ablehnung eines Ansinnens aus / SCHIMPFEN
Leo
ja bin ich denn der Leo? = AUSRUF, mit dem ein Ansinnen empört abgelehnt wird, etwa im

Sinne von: ich bin doch nicht blöd / ABLEHNUNG

Leukoplastbomber <veraltend>
scherzhaft für einige Kleinwagentypen der Nachkriegszeit, insbesondere Lloyd Alexander, Lloyd 300 / AUTO

Licht
Lichtmann = Strom-Ableser (nach dem Muster von Gasmann) / -MANN; **das Licht noch mitm Hammer ausmachen** = ungebildet, rückständig, unzivilisiert, PRIMITIV sein

Liegendes <BERGBAU>
unter dem Flöz liegende Gesteinsschicht

Limburger
1000 DM-Schein / GELD

Lochstein <BERGBAU>
Grenzstein eines Grubenfeldes über Tage

locker
leicht, ohne weiteres, ohne Schwierigkeiten -- "schaffssedat denn mit soom kleim Schraumzieher?" "Abba locker!" / EINFACH

Lökel
FLEGEL, Lümmel

Loller <Kindersprache>
1. SCHNULLER; **2.** Lutscher; **lollern** = LUTSCHEN, an etwas nuckeln, z.B. Daumen, Schnuller, Hemdzipfel

Lorbaß
Lümmel, FLEGEL, Taugenichts; dabei schwingt ein wenig Anerkennung für das Schlitzohrige mit / GAUNER

Lorche, Lorke
übelriechende, abgestandene FLÜSSIGKEIT / GETRÄNK

Lorenz
Sonne -- "heute knallt der Lorenz widder wie bescheuert"

los
1. offen, auf (besonders Tür, Fenster, Verschluß) -- "maddoma Fenster los, hier krissja keine Luft

mehr"; **2.** geöffnet --"dat Amt is heute nur bis Mittach los" / AUF; **3. mamma los!** = fang endlich an! / ANFANGEN; **lostigern** = sich auf den Weg machen / GEHEN; **4. loses Weibchen** <Taubenzüchtersprache> = Bezeichnung für eine während der "Witwerschaft" von ihrem Vogel getrennte Brieftaube, vgl. Witwer / BRIEFTAUBEN

Löwenköttel
scherzhaft für: Frikadelle, Fleischklops / ESSEN

Luckebömmel
Schwachstromingenieur Luckebömmel = den Älteren noch wohlbekannte Figur aus der Kolumne POTTKIEKER; Typ des pingeligen, aber etwas weltfernen Bastlers

Luckilucki machen
vorsichtig nach etwas Ausschau halten, etwas aus der Deckung beobachten / SEHEN

lufttrocken
humorlos, farblos, dröge, LANGWEILIG, nicht begeisterungsfähig

lullen
1. an etwas herumnuckeln, kalt rauchen, LUTSCHEN; **2.** herumdrucksen, um etwas herumREDEN -- "nu lullma nich rum, los, Butter beide Fisch(e), wat hasse denn?"; **Lulli** = etwas Seichtes, UNSINNiges -- "erzähl nich son Lulli"

Lümmelken
kleines (Kartoffel-) SchälMESSER

Lümmeltüte
derb für: PRÄSERVATIV

lurig
SCHLAPP, müde, lustlos; bei Kindern: knatschig, kränkelnd / NÖRGELN / KRANK

Lutsche
abwertend für: FRAU; **volle Lutsche** = mit aller Kraft / SEHR / ENERGISCH

Lütte
der Lütte, die Lütte = kleines KIND

ma
mal; wird meistens angehängt: "samma, wattis

eingtslich los? kannzenichma im Keller fitschen unten Bier raufholen?" / SPRACHE

Mäc <von französisch 'mec' = Zuhälter>
ständiger FREUND

Macker
1. Anrede oder allgemeine Bezeichnung für einen älteren MANN; **2.** fester FREUND eines Mädchens

Mackes
Kraft, MUSKELN -- "du sollz dein Brei aufessen, Mann Keerl, sonz krisse doch nie Mackes inne Ahme"

Mafia-Torte <Jugendsprache>
Pizza / ESSEN

Malakoff-Turm
massiver Förderturm aus Mauerwerk / BERGBAU

Malessen
mit etwas seine Malessen haben = Schwierigkeiten haben, sich mit etwas herumplagen / sich BEMÜHEN

Maloche <von jiddisch 'meloche' = Arbeit>
1. Arbeitsstelle; **2.** ARBEIT, insbesondere schwere körperliche Arbeit

mamma
zusammengezogen aus: mach mal! -- "nu mamma los, gleich isset fümf und dann stehsse im Stau" / SPRACHE

Mampe, Mampe-Pampe
matschige, breiige MASSE

Mampfe
ESSEN -- "Sandra, komm rauf, et gibt Mampfe"

Mann
alter Mann <BERGBAU>, auch: **toter Mann** = Hohlräume, die nach dem Abbau der Kohle mit Gestein aufgefüllt werden; abgebaute, nicht mehr benutzte Gänge und Stollen eines Bergwerks

Männchen
das Männchen mit den Nagelschuhen spüren (das einem im Kopf herumspaziert, wenn man einen Kater hat) = einen Kater mit starken Kopfschmerzen haben / BETRUNKEN

Manni
gebräuchliche Anrede- und Rufform für: Manfred / VORNAMEN

Manno, Mannomann, Man(n)ometer
AUSRUF, der Erstaunen oder Bewunderung ausdrückt / ÜBERRASCHT

Mark
keine müde Mark = keine einzige Mark, keinen Pfennig (besonders als entrüsteter Ausruf, wenn man angepumpt wird) / ZAHLEN / ABLEHNUNG; **hunderte / tausende von Marken** = unernste Mehrzahlbildung im Sinne von: viel GELD

Maschore
Menge, Anhäufung; Allerweltswort und Sammelbegriff für alles LÄSTIGe, Negative (z.B. Arbeitsaufwand, Verwandtschaft usw.) / MASSE

Matratze
Matratze riechen = sich hinlegen -- "ich brauch bloß Matratze riechen und schon binnich wech" / BETT; **die Matratze abhorchen** = SCHLAFEN

Matschauge
1. blaues AUGE, 'Veilchen'; **2.** entzündetes AUGE

Matsche
Pommes mit Matsche = Pommes frites mit Mayonnaise / ESSEN

matschig
sich matschig fühlen = sich KRANK, müde, zerschlagen fühlen / SCHLAPP

Matte
lange HAARe, üppige Kopfbehaarung

Mattka <von russisch 'matka' = Mütterchen>
dicke, plumpe (mütterliche) FRAU

mau
sich mau fühlen = sich flau, SCHLAPP, lustlos fühlen;

Mau-Mau
1. Obdachlosensiedlung, asoziales STADTVIERTEL;
2. Name eines KartenSPIELs

Meckerfott
jemand, der dauernd in aggressiver Weise herum-

meckert -- "Oppa, du biss un bleibs ne alte Meckerfott" / NÖRGELN / MENSCH

mehrere <Betonung auf der 2. Silbe>
bedeutetet etwa: nicht nur eins, sondern sogar mehrere -- "hastemaen Blatt Papier für mich?" "mehrere, weil du et biss"

meimeln
REGNEN; leichter Dauerregen mit allenfalls kurzen Unterbrechungen

meinsweeng
meinetwegen -- "sollsedoch meinsweeng mit ihre scheiß Mietnehmkostenabrechnung nachen Anwalt stratzen! wennet nach mir geht, kannse jehnfalls ewig und drei Tage auffe Nachzahlung waaten"

Menkenkes
kleinliche Bedenken, Aufsässigkeit -- "nu laßma die Menkenkes, schmeiß dich in deim taumblauen Bläser und komm mit Oppa zum Nahmstach gratelieren" / ÄRGER

Messing abwerfen
GELD einbringen, einträglich sein, sich rentieren / GESCHÄFT

Meter
DM (1000 Meter = 1000 DM) / GELD; **mehrere Meter** = jede MENGE, viel (nicht auf Abmessungen beschränkt) -- "zu Weihnachten habbich mir mehrere Meter Karl May gewünscht"; **auf die zwei Meter gehen** <CB-Funkersprache> = schlafen gehen, ins BETT gehen

Michelinreifen
scherzhaft für den Fettwulst, der sich beim Zusammendrücken der BAUCHdecke, etwa beim Hinsetzen, bildet (nach dem Reifenmännchen von Michelin)

Micke
verächtlich für: AUTO -- "is dat Benzin schon wieder alle? die Micke säuft noch mehr wie dein Vatta, glaubich"

Mickermännchen
kleinwüchsiger, mickriger MENSCH / KLEIN

Miefsocken
getragene Socken, Strümpfe / KLEIDUNG
Miegampe <plattdeutsch>
unter Älteren noch gebräuchlich für: Ameise / TIER
Miege
Urin; abgestandene, übelriechende FLÜSSIGKEIT -- "watisdattan forne Miege, dat sollen Köpi sein?"; **miegen** = pinkeln / URINIEREN
Miegewippe
Schiffschaukel / SPIEL
Mikätzchen
Lehrerin, die Mitte der sechziger Jahre die vom NRW-Kultusminister Mikat eingeführte verkürzte Ausbildung absolviert hat / LEHRER
Milchtöte <langes offenes Ö>
Aluminiumkanne mit Tragbügel und Deckel, in der man, bis in die fünfziger Jahre hinein, 'lose' Milch holte / GEFÄSS
Mimik
komplizierte technische Vorrichtung -- "hasse dein Taiwan-PeZeh schomma aufgehabt? ich möchtat ma sehen, wattida fürne Mimik reingedonnert haam" / TECHNIK
Mimmelquieke
kleines AUTO
minnigens
mindestens; auch als AUSRUF: **minnigens!** = und ob!, mehr als das!
Minute
seine dollen fünf Minuten haben = toben, durchdrehen, wobei aber zu erwarten ist, daß der Betreffende sich bald wieder einkriegt / ÄRGER
Mist-
Mistbiene = Schimpfwort, mit dem man in bezug auf ein Mädchen (eine FRAU) seiner Verärgerung über ein bestimmtes Verhalten Ausdruck verleiht; **Mistbolzen** = unsympathischer, schlechter, gerissener MENSCH / SCHIMPFEN
Mlotek -- vgl. Mottek

Moffa <die oder das Moffa>
gängige Aussprache von 'Mofa' (verkürzt aus Motorfahrrad)
möffen
STINKEN, schlechten Geruch verbreiten
Molle
in die Molle schieben = ins BETT gehen
Mongölchen
derb, aber nicht bösartig für: mongoloides Kind oder Wasserkopf / BEHINDERTER
Monte Schlacko
Abraumhalde / ORTSNAMEN
Möpp
fiese(r) Möpp = Fiesling, unsympathischer MENSCH
Moppät
gängige Aussprache von 'Moped' -- vgl. Moffa
Moppen <Mehrzahl>
GELD
moppern
(nicht besonders heftig) meckern, SCHIMPFEN
Möppes
eher liebevoll gemeinte Anrede für einen knuffigen MENSCHen, der entweder gutmütig-umgänglich ist oder dem man bei aller Schlitzohrigkeit einfach nicht böse sein kann / GAUNER
Möpse
1. große, pralle Brüste / BUSEN; **2.** GELD
Mords
sehr, mächtig; zur Steigerung gebraucht -- "mann Kerl, du biss ja Mords auf Zack!" / SEHR
Mott <der Mott>
Modder, Matsch / DRECK
Mottek <von polnisch 'mlot'>
Hammer / WERKZEUG
muckelig
GEMÜTLICH, warm, geborgen -- "so, jetz leengwerdich ersma inne muckelig warme Molle, und dann schläfse ganz schnell ein, Mama läßt auchet Licht im Flur an"

mucker auf etwas sein
auf etwas geil, scharf sein, hinter etwas her sein; "mussema beide Krippo rumwedeln mit dem Schrieb; watt meinze wattie Jungs mucker werden" / LÜSTERN / VERLANGEN

Muckis
MUSKELN, Kraft in den Armen

mucksig
verdrossen, auf schweigsame Art aufbegehrend (besonders von Kindern) / AUFSÄSSIG

muffen, müffen
dumpf, schlecht riechen / STINKEN; **Müffi** = **1.** Geruchsverbesserer (den man auf die Fensterbank stellt); **2.** ungepflegt riechender MENSCH / STINKEN; **Muffkopp** = stets schlecht gelaunter, unwirscher, unfreundlicher MENSCH / NÖRGELN

Muffensausen kriegen
es mit der ANGST bekommen, Angst vor der eigenen Courage haben, Fracksausen haben

Mule
Maul, MUND -- "holl de Mule!" = sei still!

Mundloch <BERGBAU>
Eingang eines Stollens

Murke
dicke, wegen ihrer Schwierigkeit oder ihres Umfangs seit Jahren unerledigte Akte

muscheln, musseln <stimmhaftes S>
1. nachlässig, unsauber PUTZEN; **2.** knubbeln, schmusen / LIEBE; **3.** wursteln, BASTELN, sich durchlavieren

müssen
dat musse nich (nommal) machen! = sanfte, aber bestimmte Zurechtweisung: das darfst du nicht

Mutter
satte Mutter = derb für: vollbusiges MÄDCHEN / BUSEN

Mutterklötzkes
übriggebliebene Stücke von Strebholz, die die Bergleute als Brennholz nach Hause (zu Muttern) mitnahmen / BERGBAU

Mütze
MENGEnbezeichnung, z.B.: "eine Mütze Schlaf brauchen", "sich eine Mütze Schlaf gönnen" = ein Viertelstündchen bis ein paar Stunden schlafen
Mütze
einen Draht aus der Mütze kucken haben -- vgl. Draht; **ein bißchen kurz unter der Mütze sein** = eine niedrige Stirn haben, nicht sehr intelligent sein / TROTTEL; **einen an der Mütze haben** = VERRÜCKT, meschugge sein; **einen in der Mütze haben** = BETRUNKEN sein
Mutzemandeln
trockenes, festes Gebäck, das in der Weihnachtszeit gegessen wird / ESSEN
Mutzkopp
Kopfnuß / SCHLAGEN
nabbeln
wie ein Nagetier an etwas herumknabbern oder -kauen; winzige Stücke abbeißen / ESSEN
nach
ersetzt bei längeren Entfernungen das Verhältniswort 'zu' (vgl. 'bei') -- "ich fahrma ehmt nach Kaastadt" -- "der Müller soll sofort nachem Chef kommen" / SPRACHE
Nachbar
spitz wie Nachbars / Opas **Lumpi** = gierig, LÜSTERN / VERLANGEN
Nachtpölter
Nachthemd, "Schlawwanzuch" / KLEIDUNG
Nagel
einen Nagel im Kopp haben = VERRÜCKT sein
nageln <Jugendsprache>
1. FAHREN; **2.** Geschlechtsverkehr / SEX
Naht
bezeichnet eine beachtliche MENGE in Zusammensetzungen wie z.B.: sich eine Naht zusammenrülpsen / SEHR
Nasenbleiche
Entziehungsanstalt für Alkoholiker / NERVENKLINIK

naß
jemanden naß machen = **1.** <Knastsprache> jemanden ausnehmen, jemandem das Fell über die Ohren ziehen / UNEHRLICH; **2.** jemandem eine vernichtende Niederlage (beim Sport oder Spiel) beibringen / BESIEGEN
Neger
Negergeld = schwarzes, dem Finanzamt verschwiegenes GELD; **Negerpimmel** = derb für: Stück Blutwurst / ESSEN; **Negerschweiß** = schlechter (Anstalts-) KAFFEE
Neujährkes
Eierkuchen (dünnes, gerolltes Waffelgebäck, das in der Silvesternacht zum Sekt gereicht wird) / ESSEN
nich
nicht -- "nichma fümf Maak wollter mich bis morng pumpen, der Aasch" / SPRACHE
nickelig
1. (Kind) unartig, verbockt; **2.** (Erwachsener) hinterhältig, GEMEIN / ÄRGER
nigelnagelneu
funkelnagelneu
noch und nöcher
reichlich, immer mehr, in Hülle und Fülle / SEHR
nochmaa <Betonung auf der 2. Silbe>
bedeutet keine Wiederholung (also nicht: nochmal = nomma), sondern wird zur Verstärkung an einen Ausruf angehängt -- "verdorrich nochmaa" / SEHR / SPRACHE
nölen
unzufrieden, unleidlich sein, jammern, meckern, NÖRGELN
nomma <Betonung auf der 1.Silbe>
noch einmal -- "versuch doch nomma, vielleicht klapptet jetz"; **nonimma, nonimmals** = noch nicht einmal -- "du hassja nonimmals Zähne geputzt, nu abama fix" / SPRACHE
notting
für notting = UMSONST, ohne Gegenleistung --

"meinze etwa ich gebetdir für notting? irngswat musse schon raustun"

Nülle

derb für: PENIS; **Nüllenflicker** = **1.** derb für: FachARZT für Geschlechtskrankheiten; **2.** <Soldatensprache> Sanitäter

Nümmerchen putzen / machen

KEGELN: die Zahlen 1 bis 9, 12 (Kranz) und 15 (Kranz Hand) werden für jede Mannschaft auf die Tafel geschrieben und dürfen bei einem entsprechenden Wurf gelöscht werden; Sieger ist die Mannschaft, die als erste alle 'Nümmerchen geputzt' hat

nuschen

jemandem eine nuschen = jemandem eine Kopfnuß oder eine rasche (aber nicht sehr heftige) OHRFEIGE verpassen -- "hör endlich auf zu brüllen, oder willze noch eine genuscht kriegen?" / SCHLAGEN

Nuß

KOPF -- "wenner sich nomma muckt, gibsse ihm einfach einen auffe Nuß"

Nüssel <stimmhaftes S>

NASE -- "den Nüssel im Bierglas"

Nutten-

Nuttendiesel = scherzhaft für: Parfüm; **Nuttenporsche** = Sportwagen mit besonders schnittiger Karosserie, unter der sich nicht gerade ein Hochleistungsmotor verbirgt / AUTO; **Nutten-TÜV** <Knastsprache> = scherzhaft für: Gesundheitsamt (bei dem sich die "Registrierten" regelmäßig untersuchen lassen müssen) / PROSTITUTION; **Nuttenzobel** = Mantel oder Jacke aus Kaninchenfell / KLEIDUNG

Ober-

Oberkotten = übergeordnete BEHÖRDE, z.B. Oberlandesgericht: **Obermacker** = wer das Sagen hat; Großkotz, großer Zampano, Big Boss / MANN / CHEF; **Oberzocker** = leidenschaftlicher Karten- oder GlücksSPIELer; die Bezeichnung drückt zugleich Bewunderung oder Anerkennung der Hartnäckigkeit und des Erfolgs aus

Ofen

Schuß in den Ofen -- vgl. Schuß; **Öfsken** = kleiner Ofen; Verkleinerungsform mit dem typischen Einschub-S vor der Verkleinerugssilbe -ken, z.B. auch: Äuchsken, Bänksken / SPRACHE

offen

AUF -- "nä, hier gehtet offen" -- "mamma ehmt dat Fenster offen" (Merke: als Resultat ist das Fenster nicht 'auf', sondern "los")

ohne

kann zur Verdeutlichung mit 'mit' gekoppelt werden -- "kammann da mit ohne Schlips rein?".

Ohren <nur Mehrzahl>

DM; "bisse dulle? die wolln hier zehn Ohren dafür haam, und inne Wollwott krisse dat gleiche Zeuch für siem" / GELD; **da legste die Ohren an** = staunen (nur auf den Gesprächspartner, nie auf den Sprecher bezogen) -- "wennichen Kickdown mach, leechse aber die Ohren an" / ÜBERRASCHT; **die Ohren auf Durchzug stellen** = nicht zuhören, ignorieren; **da kriegen die Ohren Besuch** = helle Freude, breites Grinsen (bei einer freudigen Überraschung oder Ankündigung) / LACHEN; **sich die Ohren brechen** = sich UNGESCHICKT, umständlich anstellen; **willzen Satz heiße Ohren?** <Jugendsprache> = AnDROHUNG einer Ohrfeige; **jemandem eine schallern, daß ihm ein Satz Ohren fehlt** = jemandem eine kräftige OHRFEIGE versetzen

ölen

1. schwitzen; **2.** LANGSAM gehen / fahren; **3.** <Knastsprache> betrügen / UNEHRLICH

oll

alt; **Olle** = allgemein für FRAU, insbesondere die eigene oder die Ehefrau eines Duzfreundes -- "du daafs dich nie mehr Gaaten anschaffen wie deine Olle umgrahm kann"; **Ollen** = Alter, FREUND, MANN

Omma

Ommas Gebiß = Figur beim KEGELN (es stehen nur noch der linke und der rechte Bauer); **schmeckt / riecht wie Omma unterm Arm** = SCHLECHT, unangenehm, scheußlich schmecken / riechen

Omme

NASE

ömmeln -- vgl. beömmeln

Ömmes

1. DINGSDA; 2. großer GEGENSTAND

onnoma

verkürzt aus: auch noch mal -- "lammido onnoma ran am Kuckloch

onnüesel, onnösel <Betonung auf der 2. Silbe>

nur noch von Älteren gebraucht; plattdeutsch für: überschäumend, nicht zu bändigen / SEHR -- "da binnich abba onnösel froh"

Opas Lumpi -- vgl. Nachbar

orgeln

1. den Anlasser lange betätigen, ohne daß der Wagen anspringt / AUTO / sich BEMÜHEN; 2. derb für: schier endloser, mechanischer Geschlechtsverkehr / SEX

Örni -- vgl. Earnie

Oschek

1. Junge im Schulalter oder darüber / KIND; 2. großer GEGENSTAND

Oschi

Allerweltsbezeichnung für einen (meist relativ großen) GEGENSTAND

ösig

1. UNANGENEHM, peinlich, nicht leicht zu durchschauen oder zu meistern -- "mit sonne Dingers kannze leicht inne verdammt ösige Situation kommen"; 2. knatschig, mürrisch, kratzbürstig / NÖRGELN

Ösken <offenes, langes Ö>

1. kleines, insbesondere witzig-freches KIND; 2. kleines TIER

Osnik <Knastsprache>
Uhr -- "wat schmust der Osnik?" = wieviel Uhr ist es?
Ötsch
kleiner Vogel, insbesondere Spatz -- "jedesmal, wenn unser Hans-Jürng en toten Ötsch findet, machterne Kuhle im Vorgaaten, tuten mit wat Watte und Gras da rein und fängt am heulen, wenner dat Ganze widder zuschippt und son Holzkreuzken zusammenkloppt" / TIER
Ötter
Rotz, Popel / NASENSCHLEIM
Otto
den dicken Otto markieren = aufschneiden, wichtig tun / ANGEBER
Ötzen -- vgl. Urzen
Packaan
jemand, der einer alleinstehenden Frau bei praktischen Arbeiten hilft und möglicherweise ihr Liebhaber ist / MANN
Packende
griffiger Ansatzpunkt zur Lösung eines Problems -- "weisse, dattis so verwickelt, da finze einfach kein Packende" / PROBLEM
Pampa
1. durch die Pampa heizen <Jugendsprache> = durch die Gegend brausen, über Land FAHREN;
2. Pampas = Obdachlosensiedlung -- "der kommt ausse Pampas, den Seger!" / STADTVIERTEL
Pampuschen
Pantoffeln, HausSCHUHE, insbesondere aus braunem Filz oder Cord
pängstern
belästigen, drisseln, jemandem ständig mit einem Wunsch in den Ohren liegen -- "wie lange willze unsern Vatta eingtlich noch pängstern mit dein scheiß Akustikhoppler oder wie dat Dingen heißt? Alzede Floppy füret Zeuchnis dazugekricht hass, hassenochesacht jetz hätze allet watte wollz!" / LÄSTIG

Panhas
in Scheiben gebratenes Gericht aus Wurstbrühe und Buchweizenmehl; wird am Niederrhein mit Rübenkraut gegessen; früher typisches Arme-Leute-ESSEN; **dann ist Panhas am Schwenkmast** (auch: am Krissbaum) = dann ist der Teufel los, dann geht es drunter und drüber / AUFREGUNG

Panne
<BERGBAU> SCHAUFEL; **Pannschüppe** = große, runde SCHAUFEL; **pannen** = SCHAUFELN, schüppen, schwer ARBEITen

panne
dämlich, VERRÜCKT -- "Mensch ich bin donnich panne im Kopp!"; **Pannemann** = äußerst dämlicher, verrückter Mensch / TROTTEL; **Pannemann und Söhne** = Bezeichnung für einen äußerst dämlichen, VERRÜCKTen Menschen; AUSRUF, der das Verrückte einer Situation kennzeichnet / TROTTEL / -MANN

pännekesfett
1. positiver Ausdruck für ein fettes ESSEN; **2.** gut leben, ausgesorgt haben -- "der hattet jetz doch pännekesfett"; **Pannschuber** = flaches Pfannenmesser, z.B. für Reibekuchen / KÜCHE

päpen
WEINEN, SCHREIEN, plärren (Kleinkind)

Papptus
einen Papptus machen <ältere Schülersprache> = pappen bleiben, (im Gymnasium) nicht versetzt werden, hängenbleiben / ZEUGNIS

Papst
einen Papst in der Tasche haben = ein GLÜCKspilz sein, einen guten Draht zum Herrgott haben

Parkmieze
städtische Bedienstete, die Falschparker aufschreibt / STRAFZETTEL

Paslack
Prolet, FLEGEL, AUSLÄNDER -- "in Bottrop wohnen doch nur Paslacken, da kannze ne Currywurst noch mit Zloty bezahlen"

Patte
1. GELD; 2. Brieftasche; **Pattenzieher** = Taschen-DIEB
Pättken
kleiner Pfad, Feldweg; **Pättkenfahrt, Pättkestour** = Fahrradtour, insbesondere auf ländlichen Fahrradwegen, z.B. im Münsterland / FAHREN
Pätzkes
Kinderhände; Pfoten junger Tiere
Patzköttel, Pätzköttel
1. Pferdeäpfel / KOT; 2. auch Schimpfwort / SCHIMPFEN
Peias
nicht ernstzunehmender, alberner Mensch, Clown; jemand, der sich lächerlich macht und es nicht merkt / TROTTEL / UNSINN
Pellmänner <nur Mehrzahl>
Pellkartoffeln / ESSEN / -MANN
Penunse(n) <von polnisch 'piedniadze'>
GELD
petschen
etwas umwerfen, ABSCHLAGEN, abhacken
Pettken -- vgl. Pättken
Pfanne
die Pfanne am eitern haben = VERRÜCKT sein, nicht richtig ticken
Pfarrer
etwas machen wie Pfarrer Assmann = etwas machen können, wie man will -- "Wie machte Pfarrer Assmann dat denn?" "Wie Pfarrer Nolte." "Und der?" "Wie ert wollte" / EGAL
Pferd
jemandem einen vom Pferd erzählen = das Blaue vom Himmel LÜGEN, jemandem etwas völlig Absurdes einreden wollen -- "erzähl mir donnix vom Pferd"; **Pferdemiege** = schlechtes BIER
Pfund
<Knastsprache> 1. 100,-- DM; 2. 20,-- DM / GELD; 3. **volles Pfund** <als Umstandsbestimmung> = ENERGISCH, mit Vollgas, SEHR

Picheltour
Zechtour, Zug durch die Gemeinde / TRINKEN
pickepackevoll
überfüllt, bis zum letzten Mann besetzt / VOLL
pieschern
familiär für: pinkeln / URINIEREN
Piesel
Einfaltspinsel, der seiner Umwelt nicht mehr gewachsen ist / TROTTEL; **Pieselkopp** = umständlicher, übergenauer Mensch / PEDANT
Piez <der Piez>
weibliche Brust -- "geht doch nix fürn strammen Piez" / BUSEN
Pillefüße <Kindersprache>
FÜSSE, insbesondere Kinderfüße
Pille(r)mann
1. <Kindersprache> PENIS / -MANN; **2.** Eigenname aus der lokalen "Hänschen klein"-Variante: "Hänschen klein ging allein in den Ess'ner Turnverein, hing am Reck, fiel im Dreck, bums da war die Nase weg. Kommt der Dokter Pillemann, klebt die Nas mit Spucke an. Da besinnt sich das Kind, kehrt nach Haus geschwind"
Pillepopp
UNSINN, unnützes Gerede, Wischiwaschi
pillern
1. abkucken; vorsichtig Ausschau halten / SEHEN; **2.** <Kindersprache> pullern, pinkeln / URINIEREN
Pimpernelle
die Pimpernelle(n) kriegen = zuviel kriegen, Zustände kriegen, etwas nicht mehr aushalten können / ÄRGER / VERRÜCKT
Pine
Bauchweh / KRANK
pingen, Pingenbau <BERGBAU>
(Tagebau:) flächenhaftes Abgraben des Flözes von der Oberfläche her; **Pinge** = trichterförmige Vertiefung, die durch einen verfallenen Schacht oder das Graben nach Kohle entstanden ist

Pinkatsch vgl. schabbeln
pinkulieren
scherzhaft für: pinkeln / URINIEREN
Pinneken, Pinnchen
Glas Schnaps; kleines Schnapsglas / TRINKEN; **Pinneken / Pinnchen ziehen** = eine ENTSCHEIDUNG dadurch treffen, daß man jemandem ein langes und ein kürzeres Streichholz so hinhält, daß nur die Enden sichtbar sind; wer 'den kürzeren zieht', hat verloren. / SPIEL
pinnen
(schnell) SCHREIBEN
Pinnorek <polnische Endung>
großer, kräftiger GEGENSTAND
Pipifax <Kindersprache>
kinderleichte Aufgabe / EINFACH; **pipileicht**
Pipigaudi <Betonung auf der 3. Silbe>
besonderes Futter, das die BRIEFTAUBE vor einem Wettbewerb 'scharf' machen soll und dessen Zusammensetzung, meist Hanf (!), Rüb- und Leinsamen, das wohlgehütete Geheimnis eines jeden Duwenvadders ist
Pips
den Pips haben = erkältet sein, Schnupfen haben; auch allgemein für ein unbestimmtes, nicht ernstzunehmendes Wehwehchen / KRANK
Pissel <stimmhaftes S>
etwas DÜNNes, Langes, Überstehendes, z.B. Ziergras, aber auch Niednagel / GEGENSTAND; **Pisselskram** = LÄSTIGer, überflüssiger KleinKRAM; **Pisselümpen, Pisselumpen, Pisselünnen** = leicht abwertender Sammelbegriff für alle Arten von Gegenständen: **1.** Klamotten, KLEIDUNG; **2.** Krempel, Siebensachen, KRAM -- "Werkvertrach, nachem BGB, also dat is, wenn der Besteller die Pisselümpen besorcht unze nachen Unternehmer hinbringt und der se zusammenkloppt; währnt bein Werklieferungsvertrach, da besorcht der se selps, verdientaja aunoma schön dran"

Pißfix
ExportBIER(dessen harntreibende Wirkung größer ist als die von Bieren Pilsener Brauart)

Pißpöttchen
Ackerwinde (Unkraut mit kelchförmigen weißen oder rosa Blüten)

pitschen <von polnisch 'pic' = trinken>
sich einen pitschen = sich genüßlich beTRINKEN, saufen

Pitschendopp
konischer Holzkreisel, der mit einer kleinen Peitsche geschlagen und dadurch zur Rotation gebracht wird / SPIEL

Pitter-
Pitterkasten = Besenschrank / MÖBEL; **Pittermann, Pittermesser** = kleines, sehr scharfes KüchenMESSER / -MANN

Placken <Mehrzahl>
flache große Stücke, besonders der Deckschicht -- "hauter mitter Hacke so richtich dicke Placken Eis vom See" / STÜCK

plästern
1. heftig SCHLAGEN; **2.** heftig REGNEN (Platzregen); **sich einen plästern** = sich beTRINKEN

Pläte
1. Glatze, Kahlkopf -- "hasse gesehn wat der Rudi inzwischen fürne Pläte hat? wien Beatle mit Schiebedach"; **2.** auch allgemein für: KOPF / HAAR

plattmachen
1. TÖTEN, überfahren, BESIEGEN; **2.** (Geld, Schecks) ausgeben -- "gestern habbich schon widder zwei Euros plattgemacht" / ZAHLEN

pläuschen
einen Schwatz, einen Plausch halten / REDEN; **Pläuschken** = kleiner, gemütlicher Schwatz / REDEN

Plempe
1. Pistole, Gewehr / SCHUSSWAFFE ; **2.** Papp, breiiges ESSEN / MASSE

plinken, plinsen
ein Auge riskieren, hinSEHEN
Plörren, Plünnen <nur Mehrzahl>
Kleider, KLEIDUNG
Plunsche
BADEWANNE -- "willze nich lieber duschen? wennze inne Plunsche gehs, hasse doch bloß den Kniest vonne Quanten als Ring ummen Hals"
sich plusterig fühlen
Völlegefühl nach zu üppigem Essen / SATT
Pohlbürger
Alteingesessener; jemand, dessen Familie schon seit Generationen in diesem Ort wohnt / MENSCH
pöhlen
FUSSBALL SPIELen, insbesondere im Hinterhof, ohne Regeln und mit nur wenigen Spielern; **Pöhlers** <nur Mehrzahl> = FUSSBALLschuhe / SCHUHE
Pökeltour
scherzhaft für: Fahrtroute für den winterlichen (Salz-) Streudienst
Pollack <Betonung auf der 1. Silbe>
meist in der Mehrzahl gebrauchtes Schimpfwort für: **1.** Asoziale; ungepflegte oder durch schlechtes Benehmen auffallende MENSCHen; **2.** (= ursprüngliche Bedeutung:) Polen, Polenaussiedler, alle, die aus Osteuropa kommen / AUSLÄNDER; **Pollacken-Flachrennen** = **1.** verächtlich für: Ausflugsverkehr in Massen, insbesondere ältere Leute, die nur auf ebenen, gepflasterten Wegen gehen; **2.** Käuferscharen in einer Einkaufsstraße beim Schlußverkauf
Polnischplatt (mit Zungenschlag)
scherzhaft für: KohlenpottSPRACHE
Pölter, Polter
Schlafanzug / KLEIDUNG
Pommes <gesprochen wie geschrieben>
Pommes frites -- "schmeißmaen Pommes zum Probieren rübber" / ESSEN; **Pommesbude** = Trinkhal-

le, IMBISSbude, wo Pommes, Currywurst usw. verkauft werden; **Pommes mit Schlampe** = mit Mayonnaise; **Pommes mit Matsche / mit Rot-Weiß** = mit Sauce und Mayonnaise

Poofe
BETT

Porpmonee
Ausprache von: Portemonnaie / GELD

Poscher auf Kralle haben
GELD in der Hand haben, Bargeld haben

Pöter <Kindersprache>
Po, HINTERN

Pottkieker
1. neugieriger Topfgucker; **2. Johannes POTTKIEKER** = Pseudonym des Kolumnisten, der etwa 30 Jahre lang (bis 1945) in der 'Essener Volkszeitung' (Borbeck) schrieb; seine Figuren aus der Alltagsgeschichte (wie Erpelschulte, Luckebömmel, Spinnewipp) waren sehr populär und sind im Sprachbewußtsein der Älteren noch heute lebendig

poulen <Taubenzüchtersprache>
bei einem Flugwettbewerb Geld auf eine Taube setzen / BRIEFTAUBEN

Präser
Kondom, PRÄSERVATIV

Präses
salopp für Präsident / CHEF

Prempe
langes, BELEIDIGTes Gesicht; **prempig** = **1.** eingeschnappt; **2.** dummdreist, eingebildet / ANGEBER

Prengel
besonders dicker, kräftiger länglicher GEGENSTAND (z. B. Ast, Fleischwurst, Schlagstock)

primif
scherzhaft für: PRIMITIV

Probe
BallSPIEL, insbesondere von kleinen Mädchen gespielt: der Ball wird mit dem Körper so oft wie möglich gegen eine ca. einen halben Meter ent-

fernte Mauer gestoßen und darf nicht zu Boden fallen -- "erst 10 Brüstchen, dann 5 Kniechen" bedeutet: der Ball muß zehnmal mit der Brust und dann fünfmal mit dem Knie gestoßen werden

prockeln
mit dem Finger oder mit einem stockähnlichen Werkzeug heftig in etwas herumstochern, vgl. dagegen: prokeln; **Prockeleisen** = Stocheisen für den Kohleofen / STOCHERN

Pröddel
1. GarnKNÄUEL; **2.** verfilzte Stelle im HAAR

pröffen, proffen
etwas gewaltsam hineinstopfen, z. B. in einen überVOLLEN Koffer oder in den schon vollen Mund (vgl. "prufen")

prokeln
bedächtig in etwas herumSTOCHERN oder etwas hervorzuholen versuchen -- "jedesma wennich mitkrich, wieersich widderne Stecknadel ausse Gardine holt und damit stunn'nlang inne Zähne rumprokelt, wirtet mir ganz anders"; vgl. dagegen: prockeln

Prolo <Jugendsprache, Mehrzahl: die Prolls>
1. Prolet; **2.** unter Poppern und Schickimickis: Sammelbezeichnung für den Rest der Menschheit / MANN

Prömmel
1. rundliches KIND; **2.** KNÄUEL; **prömmeln** = verknautschen, unordentlich zusammenlegen, insbesondere Wäschestücke / ZERKNITTERN

prufen
sich den Mund beim Essen vollstopfen, mit vollen Backen kauen / ESSEN

prümeln
etwas unordentlich zusammensetzen, zusammennähen / ARBEIT / UNORDNUNG

prutschen
etwas ohne Fachkenntnisse notdürftig reparieren oder unsachgemäß zusammenBASTELN

Prütt
Kaffeesatz
Puckel
gebräuchliche Aussprache von 'Buckel'; **puckeln** <BERGBAU> = einem Kumpel in der Waschkaue den Rücken einseifen und schrubben
Pullefaß <Kindersprache>
BADEWANNE
Pumpe
Fehlwurf in die Rinne beim KEGELN
Püngel
Bündel; Tragebeutel mit Siebensachen, z.B. Turnbeutel
Punkt
einen auffen Punkt kriegen = einen Faustschlag zwischen die Augen bekommen / SCHLAGEN
Puppen
ab in die Puppen = marsch ins BETT
puppig <Kindersprache>
EINFACH, kinderleicht -- "das geht doch puppig"
pupsatt
familiär für: so SATT, daß man sich nicht mehr rühren kann
Puschen
Pantoffeln, HausSCHUHE
Püschken
kleines Schwein / TIER; **Püschken auffe Leiter** = eine bestimmte Lage der Fäden beim Abnehme-SPIEL
Pusselümpen <stimmhaftes S> -- vgl. Pisselümpen
Püster
Pistole, Gewehr, insbesondere älterer Bauart (mit trichterförmigem Lauf) / SCHUSSWAFFE
Pütt
Bergwerk, Zeche, Schacht / BERGBAU; **Püttgeld** = Arbeitslohn des Bergmanns / GELD; **Püttmann** = BERGMANN / -MANN; **Püttrologe** = scherzhaft für: BERGMANN
Putz-
Putzlappengeschwader 1. Gruppe HausFRAUen;

2. Frauen vom Reinigungsdienst; **Putzolle** = abwertend für: PUTZFRAU

quaatschen
greinen, wehleidig weinen (Kind) / NÖRGELN

Quaksack
eher milde Beschimpfung eines MENSCHen, der zuviel redet oder lamentiert -- "nu haltma de Luft an, du ollen Quaksack watte biss" / REDEN

Quater-
Quaterkopp = jemand, der gern und viel redet, belangloses Zeug quatscht oder alles kommentieren zu müssen glaubt / REDEN / MENSCH; **quatern** = REDEN, quatschen, plaudern

Quotilde
kalauernd für eine Frau, der man nachsagt, sie verdanke ihre Ernennung oder Beförderung nur der Quotenregelung / FRAU

Rabatz machen <Betonung auf der 1. Silbe>
Krach schlagen, lärmend protestieren - bis an die Grenze der Handgreiflichkeit / LÄRM

Rabotti <von russisch 'rabota' = Arbeit>
GELD, Lohn; **Rabotti machen** = hart ARBEITen, um viel Geld zu verdienen

Rache Montezumas
heftiger DURCHFALL, besonders auf Reisen in südliche Länder

Rachulla
jemand, der (beim Essen, Trinken, Geldverdienen) den Hals nicht vollkriegen kann / VERLANGEN

Rad
ein Rad abhaben = verrückt sein, spinnen; **am Rad drehen** = durchdrehen, zu spinnen anfangen -- "wollterdoch mein Kukident im Aquarium tun, dattat Grüne weggeht, sachter. Ich glaub, jetz drehter echt am Rad" / VERRÜCKT

Raditzefummel <Schülersprache>
Radiergummi

raffen
1. etwas VERSTEHEN, kapieren; **2.** etwas schaffen, können, fertigbringen

Ramba-Zamba
Trubel, ausgelassene Aktivität, High Life (Gegensatz: tote Hose) / FEIERN
rammdösig
VERRÜCKT, schwindlig (vor Lärm, Gerede usw.); vgl. rattendoll
Ranschleiche
TANZschuppen; nicht Disco, sondern eher Tanztee oder Ball der einsamen Herzen
Rappelfott <die R.>
unruhiger, NERVÖSer, zerstreuter Mensch; **Rappeltrine** = nervöses Mädchen, weiblicher Zappelphilipp
rappelvoll
VOLL besetzt -- "alle Paakplätze rappelvoll"
rappzapp
lautmalerisch für: ruckzuck; SCHNELLe Bewegung
Rathaus
einen Kopf wie ein Rathaus haben -- vgl. Kopf
rattendoll, rattendüll
1. aufgeregt, durchgedreht, hektisch, NERVÖS; **2.** begierig / VERLANGEN
rattenscharf
einmalig, einsame Spitze -- "hatse ihm echt Blümkes auffe Kotflügels gemalt? findich ja rattenschaaf" / GUT
ratzen
SCHLAFEN -- insbesondere lange und ungestört
rauben <BERGBAU>
Abbau von Fördermaterial aus einem Abschnitt zwecks weiterer Verwendung an anderer Stelle
Räuber und Schanditt <Betonung auf dem I>
kindersprachliche Verballhornung für: Räuber und Gendarm, ein Lauf- und FangSPIEL
rauspopeln
1. rausspulen, in mühsamer Kleinarbeit aus etwas anderem herausholen; **2.** mit Geduld und Akribie herausfinden, erfahren
raustun
(Geld) ausgeben, auslegen, spendieren, beZAHLEN

-- "wennze wat Besseret ham willz, musse schon en Blauen raustun"

Recklinghäuser Schlinge
Drahtschlinge, mit der Autoknacker bei einigen älteren Autotypen durch die Gummilippe des Seitenfensters den Entriegelungsknopf der Tür hochziehen konnten / WERKZEUG

Reihe
etwas aufe Reihe kriegen (auch: bringen) = in eine Ordnung, einen (logischen) Zusammenhang bringen, sich genau erinnern (meist verneinend gebraucht); vgl. geregelt kriegen / VERSTEHEN

Rein' Wort Gottes
Ausdruck für einen guten Wein oder Schnaps / GETRÄNK

reinfegen, reinpfeifen
sich etwas reinfegen, reinpfeifen = etwas rasch zu sich nehmen, schnell etwas ESSEN oder TRINKEN -- "ersma zwei Bier reinpfeifen, vorher habbichen zu trockenen Hals, da kann ich nur noch rumkröchzen"

reinfetzen <Jugendsprache>
ein großer Erfolg sein -- "gestern den Rockpalast hat widder tierisch reingefetzt" / GUT

reinhauen
tüchtig ESSEN

reinwürgen
jemandem einen reinwürgen = jemanden heftig tadeln, zur Schnecke machen, zusammenscheißen / SCHIMPFEN

reinzerren
sich etwas reinzerren <Jugendsprache> = etwas zu sich nehmen, ESSEN

reinziehen
sich etwas reinziehen <Jugendsprache> = **1.** etwas zu sich nehmen, ESSEN; **2.** konsumieren, (Musik) hören, GENIESSEN

Remmel
ein ordentlich großes Stück, z.B. ein Remmel Käse / MENGE

Revier
im Ruhrgebiet eher ungeliebte Bezeichnung für "Kohlenpott"

Revolver
die Miete mittem Revolver kassieren = sich brutal, unzivilisiert oder rückständig aufführen / PRIMITIV

Rettungsring -- vgl. Ersatzreifen

Ritzenschieber <veraltend>
1. Arbeiter, der die Straßenbahnschienen mit einer Eisenstange reinigt; **2.** abwertend für jede Art ungelernter ARBEIT -- "wenne dieset Jahr wieder hängenbleibs, kannze doch nur noch Steine kloppen gehen oder Ritzenschieber werden" / MANN

Rochus <aus dem Jiddischen>
auf jemanden einen Rochus haben = Wut haben, zornig auf jemanden sein / ÄRGER

roppzopp -- vgl. rappzapp

Rot-Weiß
1. FUSSBALLverein Rot Weiß Essen; **2.** "Ketschapp und Majo" zu Fritten oder Currywurst / ESSEN

Rotzigen
ej, Rotzigen <'Anrede'-Fall> = gängige ANREDE unter Kindern für einen fremden Jungen

Rotzlöffel
OHREN -- "du kriss gleich ein hinterde Rotzlöffel, du alte Meckerfott" -- "soll ich dir ma die Rotzlöffel langziehen?"

Roulette
vatikanisch Roulette = EMPFÄNGNISVERHÜTUNG nach Knaus-Ogino

Rü
Rüttenscheider Straße in Essen, vgl. Kö / ORTSNAMEN

rubbel die Katz!
anfeuernder AUSRUF, etwa im Sinne von: auf geht's!, nur keine Hemmungen! / SCHNELL

rüberschmeißen, rüberwerfen <kurzes Ü>
hergeben, reichen -- "ej, kannzema die Mammelade rübberschmeißen?"

ruckizucki
ruckzuck, im Nu / SCHNELL

Ruhrschleichweg
scherzhaft für: Ruhrschnellweg

Rulle machen <auch: **Rulle haben**>
bei einigen KinderSPIELen (Kriegen, Räuber und Schanditt) kann der Verfolgte unter gewissen Voraussetzungen die angewinkelten Unterarme vor der Brust walzenartig umeinander kreisen lassen (Rulle machen) und darf dann nicht gefangen, abgeschlagen werden (weil er "Rulle hat")

Rülpswasser
Sprudel, Mineralwasser / GETRÄNK

rumjachtern, rumjächtern
1. aus Langeweile in der Gegend herumlaufen oder FAHREN; **2.** dauernd unterwegs sein

rumjückeln
gemütlich herumFAHREN, ins Blaue fahren

rumklucken
ohne konkreten Anlaß oder bestimmtes Ziel ständig in einer Gruppe zusammenhocken; in einer Clique gemeinsam die Zeit vertrödeln / ZUSAMMENSEIN

rumplästern
wild mit einem Ball herumschießen, werfen / SPIEL

rumschlehnen
nicht ordentlich SITZEN, sich fläzen

rumschlumpfen
sich HERUMTREIBEN, umherschlendern (z.B. Kneipenbummel, Einkaufsbummel)

rumschlüren
etwas mit sich herumschleppen, hinter sich herziehen, achtlos bei allen Unternehmungen MITNEHMEN -- "hömma, jetz kommße bald im Kindergaaten, da kannze aber deine Schmusedecke nichmehr überall mit rumschlüren"

rumsülzen
1. herumgondeln, rumjückeln / FAHREN; 2. um den heißen Brei herumreden; 3. auch: ständig mäkeln und NÖRGELN

rumturnen
irgendwo aktiv sein, sich irgendwo um besondere Leistungen bemühen -- "den Heinz hamse auf Montage geschickt, der turnt jetzt irgendwo bei- de Ölscheichs rum" -- "weisse schon datten Hebbert jetz im Vorstand vonnen Kleingaatenverein rumturnt?" / sich BEMÜHEN

Runzelkarte
Seniorenfahrschein, verbilligte Fahrkarte für Senioren ("Aktion Verwandtenschreck") / FAHREN

Ruppiger -- vgl. Samtkragen

Rüttentütt
Rüttenscheid (Essener Stadtteil) / ORTSNAMEN

Sabbelwasser getrunken haben
redselig sein, unaufhörlich REDEN

Sack
angeben wien Sack Seife = fürchterlich aufschneiden, angeben / ANGEBER; **jemandem auf den Sack gehen** = jemandem auf die Nerven gehen, LÄSTIG fallen

Sackhaaresbreite
um Sackhaaresbreite <Soldatensprache> = beinahe; viel hätte nicht gefehlt

Saftarsch
relativ harmlose Beschimpfung für einen MANN, der etwas falschgemacht oder Erwartungen enttäuscht hat / SCHIMPFEN

samma
zusammengezogen aus: sag mal / SPRACHE

Sammis <Kindersprache>
rhombenförmige Salmiakpastillen, die vorzugsweise nacheinander angeleckt, zu sternförmigen Gebilden auf dem Handrücken aneinandergeklebt und dann als Gesamtkunstwerk abgeleckt werden -- "ich hab noch Sammis für Sternkes auffe Hand zu machen" / BONBON

Samtkragen
Gespritzter, Ruppiger (klarer Schnaps mit einem Schuß Magenbitter, der sich wie ein Kragen oben absetzt) / GETRÄNK
sarrich, sarret
verkürzt aus: sage ich, sag es / SPRACHE
Satz heiße Ohren -- vgl. Ohren
Sau
hier sieht es aus wie bei Sau(s) = hier sieht es dreckig, unaufgeräumt aus / SCHMUTZ / UNORDNUNG; **sauig** = schweinisch, säuisch, unanständig; **Saukopp** = relativ mildes Schimpfwort für einen MENSCHen, über den man sich ärgert, insbesondere, weil er einem die eigenen Pläne durchkreuzt hat; **Sausack** = derbe Beschimpfung, bei der neben der Verärgerung auch ein wenig Bewunderung und Respekt mitschwingt / MANN / SCHIMPFEN
sauber!
ironischer AUSRUF, Tadel, wenn jemand etwas genau verkehrt macht oder wenn etwas in die Hose geht / SCHIMPFEN
Säufersonne
scherzhaft für: Mond, Vollmond
säuseln
etwas verraten, andeuten, verlautbaren— "hatter nix davon gesäuselt, oppenu Urlaub kriss oder nich?" / REDEN
Schabau
Schnaps / GETRÄNK
schabbeln
unter Schulkindern beliebtes Geschicklichkeits-SPIEL, bei dem Geldstücke so gegen den Fuß einer Mauer geworfen werden müssen, daß sie möglichst nahe der Mauer liegenbleiben
schäbbig
1. schlimm, SCHLECHT -- "also wennet wat anne Niere is, dann istat echt schäbbig" **2.** äußerlich UNANSEHNLICH, häßlich; **3.** GEMEIN, moralisch verwerflich

Schächtelchen Bier
verharmlosend für: Kasten BIER -- "gestern warnwer doch ganz zivil: zwei Schächtelchen Bier, und ab und zu en Pinneken Korn, damitwert nich so trocken runterwürng mußten"
schallern
1. laut singen ; **2.** anschellen, um einen kleinen Obulus zu erbitten (z. B. die Aschenmänner unter dem Vorwand, ein "Frohet Neuet Jahr" zu wünschen) / MÜLLABFUHR
Schaluppi
Schlitzohr, Lausebengel, GAUNER
Schande
ach du Schande = AUSRUF, der Erstaunen oder Erschrecken ausdrückt / ÜBERRASCHT
Schanditt — vgl. Räuber und Schanditt
Schapp
Küchenschrank, Vorratsschrank / MÖBEL
schättern
meckern, SCHIMPFEN
Scheetz
1. Freund eines Mädchens, Strulli; **2.** Kumpel -- "du bissen tofften Scheetz, ährlich" / FREUND
scheintot
zwischen 80 und scheintot = urALT, vergreist
Scheiße
ach du Scheiße = AUSRUF, der Erstaunen oder Erschrecken ausdrückt / ÜBERRASCHT; **Scheiße bauen** = großen Mist machen, etwas total falsch machen, einen großen Fehler begehen / FEHLSCHLAG; **Scheiße schreien** = sich köstlich (oder voller Schadenfreude) über etwas amüsieren, sich totLACHEN -- "den Kraftcyk hamse nach Dohrtmund versetzt? ich könnt Scheiße schreien"; **Scheißspiel!** = AUSRUF, der Enttäuschung oder VerÄRGERung über einen ungünstigen Verlauf der Dinge ausdrückt / FEHLSCHLAG
Schellemännchen, Schellemännkes
1. vgl. Klingelmännchen; **2.** Meßdiener in der Fronleichnamsprozession

scheppen -- vgl. pannen

Schese

leicht abwertend für: MÄDCHEN; **Schesemännchen sein** = BETRUNKEN sein / -MANN

Schicht

auf Schicht gehen = allgemein für: zur ARBEIT gehen; **Schicht machen** = etwas für diesen Tag abschließen, beenden; Feierabend machen; **Schichtgebet** <BERGBAU> = gemeinsames Gebet der Bergleute vor Arbeitsbeginn; diente zugleich der Anwesenheitskontrolle

Schickse <aus dem Jiddischen>

leicht abwertend für MÄDCHEN, Schulmädchen

Schießmeister <BERGBAU>

Facharbeiter, der Sprengarbeiten unter Tage durchführt (Sprengbeauftragter)

Schisser

eher zärtliche Bezeichnung oder Anrede für ein kleines KIND -- "na komm schon, du Schisser, nimmen Finger aussem Popo und gib Onkel Händchen"

Schisskojenno <von polnisch: wszystko jedno>

Ausruf mit der Bedeutung: was solls?, nichts zu machen, ist doch EGAL, Jacke wie Hose

Schlabber-

Schlabberdönken <langes Ö> = weit geschnittenes, aufwendig gearbeitetes KLEIDUNGsstück, Rüschen oder Spitzeneinsatz; **Schlabberkappes** = zu weich gekochtes, breiiges, wenig schmackhaftes ESSEN, speziell Weißkohl

schlabbern

1. (etwas Unwesentliches) absichtlich auslassen, weglassen, übergehen; **2.** auch: TRINKEN -- "sollnwer nochen Kaffee schlabbern, oder willze nach Hause?

Schlaffi

träger, lustloser Mensch ohne Energie, Initiative und Durchsetzungsvermögen; insbesondere antriebsloser Student / MENSCH / SCHLAPP

Schlag
einen Schlag mit der Wichsbürste haben = VERRÜCKT, dämlich sein

Schlägel und Eisen <BERGBAU>
Bergmannswerkzeug; in gekreuzter Darstellung das Symbol für den Bergbau / WERKZEUG

Schlampampel
1. Schlamassel, verfahrene, missliche Lage / UNANGENEHM; **2.** Sammelbegriff für wertloses Zeugs / KRAM

Schlampe
Fritten mit Schlampe = Pommes frites mit Mayonnaise / ESSEN

Schlappen
einen im Schlappen haben = angetrunken, BETRUNKEN sein

Schlappi
1. siehe Schlabberkappes **2.** träger, kraftloser Mensch, Tranfunzel / MENSCH / SCHLAPP

Schleife
GELD, Geldschein -- "für lau tut der dat nich, da musse schon en paar Schleifen hinlegen"

Schleimi
jemand, der sich in unterwürfiger Art bei Vorgesetzten EINSCHMEICHELN will - "der Siepenkötter, den ollen Schleimi? Neulich wollter sogaarm Personalchef im Aasch kriechen. Hattersich abba fies vertan, weil da saß schon der Willi Konopka drin" / MENSCH

schlempern
1. VERSCHÜTTEN, daneben gießen, kleckern, plempern; **2.** verlegen, verbummeln, (Termin) verpassen, verschwitzen / FEHLSCHLAG / VERLIEREN

Schlick
SCHLUCKAUF

Schlickefänger
1. unruhiges, nervöses KIND; **2.** gewitzter, durchtriebener Mensch, der es faustdick hinter den Ohren hat / GAUNER

schlindern
mit Anlauf über eine Eisbahn, 'Schlinderbahn', rutschen, schlittern (aber nicht: ungewollt auf Eis ausrutschen)
Schlirch -- vgl. Schlickefänger
Schlönzken
gammelig (schlunzig) gekleideter, aber sympathischer MENSCH / UNORDNUNG
schlören -- vgl. schlüren
schlörig
ungepflegt, schlunzig / UNORDNUNG
schlörren
unordentlich GEHEN, latschen; beim Gehen die Füße nicht hochheben, schlurfen
Schlot
witziger oder durchtriebener MENSCH / GAUNER
Schluffen
1. AUTOreifen -- "jetzt macht die Micke richtig wat her, mit extra breite Schluffen und Leichtmetallfelgen"; **2.** Hausschuhe, Pantoffeln, SCHUHE; **treuer Schluffen** = treuherziger, GUTMÜTIGer Mensch
Schlunz, Schlunzkopp
unordentlich oder gammelig gekleideter MANN; weibliche Form: **Schlunze** / UNORDNUNG; **verschlunzen** = verkramen
schluppen
1. schlurfen / GEHEN; **2.** hineinschlüpfen -- "ahms schluppt Vatta ersma inne Pantoffel rein"
schlüren lassen
sich um etwas nicht kümmern, einer Sache nicht die gehörige Beachtung schenken, ein Projekt nicht aktiv betreiben, Müßiggang und Schlendrian einreißen lassen / EGAL
schlürren -- vgl. schlörren
Schluwen
faserige Bestandteile in einer Flüssigkeit, z.B. FruchtFASERN im Apfelsinensaft
Schmacht
Schmacht haben auf etwas = Lust (HUNGER) auf

etwas haben / VERLANGEN; **Schmachtlappen** = **1.** langer, dürrer MENSCH, der ausgehungert aussieht, so als hätte er ständig Schmacht / DÜNN; **2.** schlanker, gutaussehender MANN, einer zum Anschmachten / SCHÖN

Schmackes
mit Schmackes = mit voller Kraft, voll Schwung loslegen, an die Arbeit gehen / ENERGISCH

Schmecklecker
jemand, der weiß, was gut ist; GENIESSER

Schmierlapp, Schmierläppken
1. jemand (insbesondere Kind), der sich ungern oder nicht richtig wäscht oder sich häufig dreckig macht -- "neulich sarrich fürn Manni, datter gefällichs Seife nehm soll. Dreima daafse raten, wattat Schmierläppken fürne Antwort gegehm hat: Weisse, Mutti, sachter, dann lassichet Waschen doch libber ganz bleim!" / SCHMUTZfink; **2.** unseriöser MENSCH, GAUNER

Schmulch
ZIGARETTE; **schmulchen** = eine ZIGARETTE rauchen

Schmunzelwasser
Sekt, Champagner, Schampus / GETRÄNK

Schmuseblues
Musikstück, Blues, bei dem man besonders langsam und innig TANZen kann

Schmuseleine <von jiddisch 'schmuess'>
scherzhaft für TELEFON

schmüserig
1. verschmust, zärtlich, sich nach zärtlicher Berührung sehnend / LIEBE; **2.** weich, kuschelig (Kissen, Pullover) / KUSCHELN

Schnäbbelliese
Klatschtante; FRAU, die gern, viel und schnell redet; **schnäbbeln** = viel herumREDEN, sehr schnell und mit neugierig-entrüstetem Unterton über andere herziehen

schnacken
zurückschnellen (Gummizug) -- "undann ziehssese

fein erotisch von hinten am BH, und sobalze mitte Augen rollt, lässen ganz schnell schnacken" / SCHLEUDER

sich einen schnasseln <stimmhaftes S>
einen TRINKEN, sich (genüßlich) besaufen

Schnatz
kein Schnatz = kein bißchen, mit keinem Wort -- "da hatter kein Schnatz von gesacht" / NICHT

Schnellfreß
Schnell-IMBISS, Schnellrestaurant mit Selbstbedienung

Schnick-Schnack-Schnuck
bei Kindern beliebtes KnobelSPIEL mit Handzeichen, bei dem "schnick-schnack-schnuck" skandiert wird; bei "schnuck" müssen alle Kontrahenten eine Faust ("Stein"), zwei gespreizte Finger ("Schere") oder die flache Hand ("Papier") zeigen; gewonnen hat der nach folgender Regel Überlegene: Schere schneidet Papier, Stein schleift Schere, Papier wickelt Stein ein

Schnief
keinen Schnief haben für etwas = **1.** keine Lust auf etwas haben / SCHLAPP; **2.** keinen Mut, keine Traute zu etwas haben / ANGST

Schnippedillrich
Flipper, SPIELautomat, bei dem eine Kugel möglichst lang auf dem abschüssigen Spielfeld gehalten werden muß

schnirpeduhn -- vgl. duhn

Schnoratti
eine geschnorrte ZIGARETTE (nach der Zigarettenmarke Muratti) / SCHNORREN

Schnotten , Schnötten
1. NASENSCHLEIM / Rotz; **2.** Hautunreinheiten im Gesicht

Schnuffel
Kosewort; ANREDE für einen Menschen, den man lieb hat, der aber gerade schmollt oder sauer ist und den man umstimmen möchte / LIEBE; **schnuffig** = NIEDLICH, süß, allerliebst

schnuppern
naschen, ständig Süßigkeiten zu sich nehmen / ESSEN
schnurcheln
selig, sanft, tief und ungestört schlummern, SCHLAFEN; drückt eine gewisse Leichtigkeit und Ausgeglichenheit aus, während 'ratzen', 'knacken' usw. eher den bleiernen Schlaf meint; Erwachsene knacken, Kinder schnurcheln
schnurz und piepe, schnurzegal
schnuppe, völlig EGAL
Schnüß
Schnute, MUND (insbesondere eines Kindes)
schnüten
1. (Tabak) schnupfen; **2.** plattdeutsch für: sich schneuzen
Schocken
(ausgetretene) SCHUHE
Scholle
breiter, eiserner Riegel an der Tür -- "Mache Scholle vor!"
Scholli
mein lieber Scholli! = AUSRUF des Erstaunens über Größe, Bedeutung oder auch Bedrohlichkeit einer Sache oder eines Ereignisses
Schore
1. Ware, große Menge, Diebesgut, Sore; **2.** zweifelhaftes, unerlaubtes Vorhaben
Schoß <kurzes O>
Schublade -- "türlich weißichenau, dattichet gestern im Schoß getan hab, da woet immer liecht, wo denn sonz!" "Ach nee, und kannzmirma saang, wattatan is?" (wobei die Hausfrau den gesuchten Gegenstand triumphierend und mit spitzen Fingern hochhält) / MÖBEL; **dat Schoß raus haben** = nicht zurechnungsfähig sein, VERRÜCKT
Schote
tölpelhafter Mißgriff mit unangenehmen Folgen -- "gestern hat sich meine Schwester widderne Schote geleistet: machtsede Waschmaschine aus,

wose noch gaanich fertich is, und alzich heute dat Bullauge aufmach, habbichde ganze Brühe auffe Füße" / FEHLSCHLAG

Schott

1. TÜR, FENSTER -- "mamma et Schott dicht, hier ziehtet"; **2.** <Knastsprache> Zellentür

Schöttelplaggen

Spültuch / KÜCHE

Schotter

(viel) GELD -- "wenne in Abu Dhabi auf Montage bis, kannze echt Schotter machen"

Schrank

vor den Schrank laufen = auflaufen, scheitern, auf massiven Widerstand stoßen / FEHLSCHLAG

Schranze

zickiges MÄDCHEN aus feinerer Wohngegend

Schrapphals, Schrapper, schrappig

Geizhals, GEIZIG

schrill <Jugendsprache>

aufregend, spannend, GUT

schroh <langes offenes O>

dürr, ausgemergelt, schmächtig, DÜNN

Schröwen <langes offenes Ö>

nicht verbrannte Reste in der Asche, Schlacken

schruppen

einen Gegner bei Sport oder SPIEL haushoch BESIEGEN

Schrux

Mist, Tinnef, unbrauchbares Zeugs, Billigartikel, über die man sich kurz nach dem Kauf schon ärgert -- "hier hasse 20 Märker; schmeiß den ganzen Schrux auffem Müll und kauf dir wat Anständiget" / KRAM

schubbeln

(großflächig) jucken, reiben, kratzen -- "wertich nie vergessen, wie den Seniorchef da vor seim Bungalow in Almeria steht und sacht, für ihn gibbet nix schöneret als auffe Terrasse inne Aamtsonne blinzeln und dabei mittem Rücken am Rauhputz auf und ab schubbeln"

Schubiak
Schlitzohr, GAUNER (Schreibweise wohl aufgrund der falschen Vermutung, das Wort stamme aus dem Polnischen; tatsächlich aber von niederl. schubbejack)

Schuhe
runde Schuhe anhaben / die Schuhe verkehrtrum anhaben = BETRUNKEN sein

Schuld
etwas in Schuld sein = an etwas schuld sein -- "bisset selbs in Schuld"

Schulla <Kindersprache>
Schularbeiten, Hausaufgaben -- "hasse Schulla?" = hast du die Schulaufgaben fertig?

Schüppe
eine Schüppe / Panne ziehen = einen Flunsch ziehen, BELEIDIGT sein, konkret: die Unterlippe vorschieben -- bei Kindern die mimische Vorbereitung zum WEINEN

schuppen
schubsen / STOSS

schüskes
tschüs -- "na denn schüskes, bis die Tage" / GRUSS

Schuß
Schuß in den Ofen = vergeblicher Versuch, FEHLSCHLAG

Schwanzpreis <Taubenzüchtersprache>
Preis für die letzten BRIEFTAUBEN, die bei einem Wettbewerb noch prämiiert werden

Schwarzkaue <BERGBAU>
Umkleideraum für Arbeitskleidung, im Gegensatz zur 'Weißkaue', in der die Zivilkleidung aufbewahrt wird

schwer
beliebtes Füllwort zur Steigerung -- "da kommsse ja endlich! Waa schon schwer am waaten!" / SEHR

schwiemelig
schwindlig, benommen, schwummerig / KRANK

Sechseck
im Sechseck springen = **1.** von einer Nachricht oder Situation völlig überrascht oder überfordert werden / ÜBERRASCHT; **2.** vor Wut, Angst, Freude oder Hektik durchdrehen, wegen extremer Arbeitsbelastung rotieren / NERVÖS

Seepenspönken <langes Ö>
(wörtlich: Seifenspänchen, früher als Abführzäpfchen benutzt) dünner, zarter MENSCH

Seger <auch: der Segers>
1. lebenslustiger, temperamentvoller MANN; **2.** ungehobelte Person, Prolet, FLEGEL

seiger <BERGBAU>
senkrecht

Seilfahrt <BERGBAU>
Transportfahrt für Menschen und Material mit dem Förderkorb

selbstgestrickt
selbst gebastelt, Eigenbau / BASTELN

Semmelkopp
harmloses Schimpfwort für einen dümmlichen Menschen / TROTTEL

Sesselpuper
Beamter, BÜROKRAT -- "kannzoch nix anneret von erwaaten von so Sesselpupers: anstattata endlichmaan neuen Spielplatz gibt, hamset rundum geflastert und son Kawenzmann von Betongtitte draufgesetzt, is anscheinz 'Kunz am Bau' oder sowatt"

sexich
Aussprache von: sechzig -- "jetz bisse sexensexich und immer noch auffe Rente am waaten; ich fintdat ganich komisch" / SPRACHE

Siff
1. salopp für Syphilis; **2.** Mist, UNSINN -- "son alten Siff hatter widder gelabert, zwei Stunden lang, da krisse echt ein am Appel"

Smarties
(farbig überzogene Schokoladelinsen, scherzhaft für:) Antibabypillen / EMPFÄNGNISVERHÜTUNG

Sockenschuß
einen Sockenschuß haben = BETRUNKEN sein
Sodder
Rotz, NASENSCHLEIM -- "jetz habbich soviel Sodder im Tempo, dattet gnatscht wenne zudrücks; hassemaen neuet?"
Söffken
Koseform von Sophie / VORNAMEN
Sohle <BERGBAU>
Gesamtheit der auf etwa gleichem Niveau liegenden Strecken; **ausser siebten Sohle holen** = von ganz unten herauf holen, nämlich: geräuschvoll und erbarmenswert abHUSTEN -- "hömma, bisse sicher datte nich die Motten hass? kannzeja nich mit anhören wenne ein Flörch nachem andern ausser siebten Sohle hols"
söhlig <BERGBAU>
horizontaler, aber unebener Untergrund
Sohn
mein Vatter sein Sohn = Umschreibung für 'ich' -- "hau bloß mit dein Vitaminsaft ab, dat is nix für mein Vatter sein Sohn"
Sonne
jemandem scheint die Sonne aus dem Arsch = jemand ist immer strahlend gut gelaunt, sorglos, fröhlich, GUTMÜTIG und durch nichts zu erschüttern
Sonntagsgeld <Kindersprache>
TASCHENGELD eines Kindes, das am Sonntag ausgezahlt wird / GELD
Spalucken
1. Asoziale, Proleten; **2.** abwertend für: AUSLÄNDER / SCHIMPFEN
spannen <Jugendsprache>
kapieren, VERSTEHEN, begreifen
Spargel
FUNKantenne (speziell Stabantenne für CB-Funk) -- "hassen neuen Spargel auffem Dach? du komms hier so bombig rein datter Kopfhörer warm wird" <CB- Funkersprache>; **im Spargel ste-**

hen = verdutzt, verblüfft, ungläubig oder verärgert sein -- "wierum hasse denn die Kassette im Rekorder getan? ich glaub ich steh im Spargel" / ÜBERRASCHT; **Spargeltarzan** = schmächtiger Mensch mit sportlichen Ambitionen / ANGEBER

Spasti
verächtlich für: Spastiker, Halbgescheiter, BEHINDERTER

Sperrholzbohrer
PEDANT, der nichtige Dinge oder Selbstverständlichkeiten ausführlichst erörtert und abhandelt

Spichalski
Name einer populären Clownsfigur aus dem Essener Zirkus Hagenbeck: lang, dürr, mit weiß geschminktem Gesicht und spitz zulaufendem Hut; trat mit dem "Kiki" und dem "Dummen August" als Musikclown auf und spielte den dümmlich Arroganten

spiddelig
DÜNN, dürr, schmächtig / KLEIN

Spiegeleierbauch
kalauernd für: dicker MännerBAUCH ("weilern Spiegel braucht, sonz kanner nämmich seine Eier nich mehr bekucken")

spinksen, spinzen
1. vorsichtig oder heimlich nach etwas sehen, heimlich beobachten -- "wat bisse am spinksen, hasse noch nie ne Tussi mit Ohm Ohne am Strand gesehen? gibbet dran und knall dich wieder im Sand" / SEHEN; **2.** auf etwas lauern, spekulieren (z.B. Erbschaft)

Spinnewipp
1. DÜNNer, schmächtiger MENSCH; **2. Malchen Spinnewipp** = junges sehr dünnes Mädchen, eine unter den Älteren noch wohlbekannte Figur aus der Kolumne POTTKIEKER

spirrig
KLEIN, schmächtig, schwächlich / DÜNN

spitzenmäßig <Jugendsprache>
GUT

Spökes machen
UNSINN machen, harmlose Streiche SPIELen; etwas nur zum Spaß machen, also nicht ernst meinen -- "brauchse doch nich heulen, ich hab doch nur Spökes gemacht"
Sportsflecken -- vgl. Hobbyflecken
Spritkopp
Säufer, Schnapsnase / TRINKEN
Spruch <Jugendsprache>
knappe, einprägsame und mehr oder weniger originelle Bemerkung -- "samma, hasse noch son paar Sprüche von der Güte auf Lager, oder willze gleich ein zwischen die Hörner kriegen?" / REDEN
Sprung
einen Sprung in der Schüssel haben = VERRÜCKT sein
Spucht
1. junger, schmächtiger MENSCH / DÜNN; **2.** auch: Berufsanfänger, LEHRLING
Stall
Hosenschlitz, Hosenstall -- "samma, jedesmal wenne vom Lokus komms hassen Stall auf, bisse eingtslich schon am verkinschen, oder wat is ?"
Stecknadel
tausend Stecknadeln = leicht sadistisches KinderSPIEL: man umfaßt den bloßen Unterarm des anderen fest mit beiden, nebeneinanderliegenden Händen, die man dann gegenläufig verdreht: beim Loslassen wandelt sich der Schmerz minutenlang in ein Stechen wie von tausend Nadeln um
Steiger <BERGBAU>
Angestellter, der Aufsichtsarbeiten vor allem unter Tage wahrnimmt
Steinstaub
volkstümliche Bezeichnung für die früher unter Bergleuten weit verbreitete Silikose (Quarzstaublunge) / KRANK
Stempel
1. <BERGBAU> Stützbalken; **2.** stämmige BEINE

Sternkes inne Augen haben -- vgl. Herzkes

stickum

unauffällig, heimlich, STILL und leise

Stift <veraltend>

speziell von Jungens gebrauchte Bezeichnung für einen harten, länglichen, sauren BONBON (im Gegensatz zum weichen Karamelbonbon)

Stiftekopp

1. BürstenHAARschnitt; **2.** jemand, der eine solche Frisur trägt

Stina

Figur beim KEGELN: aus dem vollen Bild sind nur Vorderholz, König und Hinterholz getroffen. Stina mit Kind: gleiches Bild, aber ein danebenstehender Kegel ist zusätzlich getroffen

Stinkstiebel

ollen Stinkstiebel <'Anrede'-Fall> = eher gutmeinende Beschimpfung (nur zu Erwachsenen) / SCHIMPFEN

Stocheisen

Eisenstab oder -stange zum Stochern in Kohleöfen, um die Glut zu beleben; also etwa: Feuerhaken, Schürhaken (aber nicht notwendigerweise gebogen); dazu: **stochen**

Stoff

(vollen) Stoff geben = Vollgas geben / SCHNELL

Stoppenknäcker

ursprünglich Kinderpistole, aus der mit leisem Knall ein Stopfen herausgeschossen wurde; dann auch jede Zündstreifenpistole / SPIEL

Stöppken, Stöpsel

kleines, aber munteres und aufgewecktes Kind / KIND

Strahl

ein kleines Stück, Entfernung von ca. 1 m (= Miktionsreichweite!) -- "gehma en Strahl auf Seite, ich hab überhaupt kein Platz mehr hier"

stramm

vollkommen BETRUNKEN

Strang
vor jemandem Strang haben = ANGST, Respekt vor jemandem haben

Stratege
(ironisch:) Künstler, Experte -- "dann hattern Lokus umarmt und sich beim Göbeln die Klobrille auffe Nase fallen lassen, un jetz hattert Nasenbein im Aasch, dattis vielleichten Stratege" / TROTTEL / MANN

stratzen
rasch und zielstrebig GEHEN -- "stratzma nache Bude, homanpaar Pullen Bier!

Strecke <BERGBAU>
horizontaler Grubenbau von regelmäßigem Querschnitt für die Zu- und Abfuhr

Streifen
bezeichnet eine beachtliche MENGE in Redewendungen wie: **einen Streifen doof sein, sich einen Streifen zusammenschnarchen** / SEHR

Streuselkuchen
ein Gesicht wien Streuselkuchen haben = picklig sein, pockenartigen AUSSCHLAG im Gesicht haben

Strich inner Landschaft
DÜNNer, dürrer, schmächtiger MENSCH

stricken
da muß ne Omma viel für stricken = das ist etwas sehr TEUERes

Striekspönken <langes Ö>
STREICHHOLZ

Stripstube
scherzhaft oder abwertend für: (kleineres) Stripteaselokal / PROSTITUTION

Strom
unter Strom stehen = stark BETRUNKEN sein

Ströppken
kleines KIND, Dreikäsehoch

Ströppmus
Rübstiel, Stielmus, vgl. abströppen / ESSEN

Strulli
ständiger FREUND eines Mädchens (eher sympathisch, aber nicht gerade ein Ausbund von Männlichkeit) -- "hasse den neuen Strulli vonne Dachmar schon gesehen?"

strullen, strullern, strüllen <Kindersprache>
pinkeln / URINIEREN -- (Aufschrift an der Pinkelwand:) "Bitte keine Kippen im Becken schmeißen - wir strullen euch ja auch nich im Aschenbecher!"

Strunztuch
Einstecktuch, ZierTASCHENTUCH in der Brusttasche des Jacketts

Stulle
Butterbrot "für auffe Faust" / ESSEN

Stunk machen
sich beschweren, STREIT vom Zaun brechen

Stutenkerl
Männerfigur aus süßem Hefeteig gebacken, oft mit einer Tonpfeife verziert; typisch für die Vorweihnachtszeit / ESSEN

stuxen
mit einem Knicker versuchen, den gegnerischen Knicker aus der Kuhle zu stoßen / SPIEL

sülzen
1. langatmig, schönfärberisch, aber inhaltsleer daherreden; **2.** schön tun -- "höddoch mitti Sülzerei auf, du Schmalspurkasenowa, aahms kannzat ja gut, abba mornx brinxet nich!" / REDEN

Sums
wertloses Zeug, KRAM

Sumse
Fliege / TIER

Suppe
jemandem ist die Suppe verhagelt = jemandem ist ein Strich durch die Rechnung gemacht worden, jemandem ist plötzlich die Lust vergangen / FEHLSCHLAG

süppeln
(plattdeutsch: süpeln) trinken, genüßlich über

einen längeren Zeitraum hinweg Alkohol TRINKEN

tabeldoot <von: 'table d'hôte'>
sich tabeldoot benehmen = sich (besonders beim Essen) manierlich benehmen

Tach zusammen
Begrüßung, wenn mehrere Personen anwesend sind / GRUSS

Tacken
1. Zehnpfennigstück / GELD; **2.** ein kleines bißchen, ein winziges Stückchen -- "ej, machmaen Tacken schneller" / MENGE

tafeln
jemandem eine tafeln = jemandem eine runterhauen, eine kräftige OHRFEIGE versetzen / SCHLAGEN

Tag
bis die Tage = Abschiedsgruß, etwa: bis bald, bis demnächst / GRUSS

tändeln
schnell laufen / GEHEN

tapern
langsam oder unsicher GEHEN -- "ach nee, kumma wer dahinten angetapert kommt"

Täsch
leck mich doch inne Täsch = abgeschwächtes Götz-Zitat / SCHIMPFEN

Täßchen <Jugendsprache>
scherzhaft für: Glas (BIER)

Taubenjunge, Taubenkerl
BRIEFTAUBENliebhaber

Täubin <Taubenzüchtersprache>
Bezeichnung der weiblichen Taube, vgl. Vogel / BRIEFTAUBEN

Taucherbrille <Jugendsprache>
blaues Auge, Veilchen / SCHLAGEN

Taumvatter -- vgl. Duwenvadder / BRIEFTAUBEN

Teckel <BERGBAU>
kleiner, unter Tage benutzter WAGEN zur Materialbeförderung

Teich
im Teich = defekt, KAPUTT; **in den Teich setzen** =(Klassenarbeit, Klausur) danebenschreiben, verhauen / ZEUGNIS
teicheln
einen Ball auftupfen lassen / SPIEL
teita gehen <Kindersprache>
mit einem Kind spazieren GEHEN; einen Sonntagsspaziergang machen
Teufe <BERGBAU>
Tiefe
Teufel
den Teufel tun = etwas kategorisch ablehnen; gar nicht daran denken, das zu tun, was der andere verlangt -- "ich werten Teufel tun und dir den Safir aussem Tonarm friemeln! hinterher isser im Teich, dann bin ichet widder in Schuld / ABLEHNUNG
tierisch <Jugendsprache>
sehr GUT, enorm, außergewöhnlich -- "dat schmeckt ja tierisch süß, wat issendat?" / SEHR
Tillefitt, Tilli
Aufhebens, Wirbel um eine Kleinigkeit / ÜBERTREIBEN
titschen
gegeneinanderSTOSSen, 'Eier titschen': gewonnen hat, wessen Ei ganz bleibt -- "hömma, du Komiker, du muss auch mittat spitze Ende titschen, sonz hasset doch sofort kaputt"
Titte
linke Titte = **1.** abwertend: politisch links engagierte FRAU; **2.** abwertend: hinterlistige, gemeine Frau
Tö
geziert für: TOILETTE -- "Frollein, wo ist denn hier das Tö?"
töffte, toffte
GUT, prima, dufte; **bissen Töfften** <'Anrede'-Fall> = lieb von dir, das hast du gut gemacht, du bist in Ordnung; auch als abwehrende Antwort, im

Sinne von: "jaja, dat haste klasse gemacht, aber jetz hau auch widder ab und laß mich in Ruh" / MANN

Töle
abwertend: **1.** Hund -- "Mensch du olle Töle, hau bloß ab und mach unsern Waldi nich an!" / TIER; **2.** MÄDCHEN / FRAU

Tonne
1. BETT; **2.** Schultornister, Ranzen; **3.** dicker MENSCH

Torfkopp
dummer Mensch / TROTTEL

Törtchen <Jugendsprache>
1. junges Mädchen mit flatterhaftem Lebenswandel; **2.** MÄDCHEN (allgemein)

Tortenarsch
mild-verächtliche Bezeichnung für jemanden, der schwerfällig, TROTTELig oder ungeschickt ist / SCHIMPFEN

Töte <langes offenes Ö>
zylinder- oder tütenförmiger Behälter aus Blech, vgl. Milchtöte, Kaffeetöte, Tröte / GEFÄSS

toter Mann -- vgl. Mann

Totten
verfilzte oder verknotete Stellen im HAAR / SCHMUTZ

Trallafitti
Trubel, lautstarkes, fröhliches Beisammensein; High Life -- "weiß der Geier wier dat macht, jeen Aamt Trallafitti auffe Bude und morgens als erster auffe Maloche" / FEIERN; **auf Trallafitti gehen** = AUSGEHEN / FEIERN

Träne
tranfunzliger, antriebsschwacher Mensch, der ständig gute Gelegenheiten verpaßt, Transuse / MENSCH / SCHLAPP

Treters
SCHUHE

Trick siebzehn
(auch: Trick siebzehn mit Falle und Selbstüber-

listung) = besonderer Kniff, listige Lösung -- "Musse wat dabei saang wennzet Fenster losmachen willz, oder gehtat auch widder mit Trick sippzehn?"

Trinkhalle
ruhrgebietstypische Einrichtung vom Rang eines multifunktionalen soziokulturellen Zentrums; flächendeckend

Troppen
Tropfen -- "Sachmahn Satz mit 'einfältig'!" "??" "Du haßja Troppen anne Nase; ein fälltich gleich runner"

Tröte <langes offenes Ö>
1. Kehle, Luftröhre -- "laß man, ich habben Krümmel inne Tröte, gleich gehtet widder"; **2.** vgl. Kohlentröte; **3.** Kindertrompete; **trötern** = auf der Kindertrompete Geräusche machen / MUSIKMACHEN

Trudchen
hausbackenes, nicht sehr attraktives MÄDCHEN / FRAU

Trulla
MÄDCHEN, das nur Unsinn im Kopf hat oder nervös und zappelig ist / FRAU

Trutschka
MÄDCHEN oder FRAU in altmodischer Kleidung, mit hinterwäldlerischem Benehmen, meist dicklich und gutmütig

Tuck
1. leichter AnSTOSS -- "noch son Tuck, und die Karre fällt im Kanal"; **2.** kleine MENGE -- "tu nochen Tuck Sahne dran"

tucke-tucke
ganz LANGSAM, immer schön mit der Ruhe, nur nichts überstürzen, nur keine Panik

tüddelig
unbeholfen, vergeßlich, verkalkt, ZERSTREUT

Tülle, Tille
abschätzig für: FRAU, MÄDCHEN; drückt meist Kritik an einem bestimmten Verhalten aus

Tullux
Unfug, UNSINN, übertriebenes Zeugs
tun
in der Wendung: **tu mich mal** = geben -- "tu michma nochen Dröppken" -- "tun se michma nochen Halbfunt Fleischwuast"
tupfen
jemandem einen tupfen = jemandem einen Schlag versetzen -- "du kriss gleich einen getupft wennenich sofort schön ruich biss" / SCHLAGEN
tuppen
(Ball:) tupfen, hochspringen, zurückspringen -- "sollichma zeigen wie mein Flummiball tuppt?" / SPIEL
Tür
vor Tür gehen = nach draußen GEHEN, einen kleinen Spaziergang um den Block machen -- "hömma, musse nich mittem Hund nomma vor Tür gehen?"; **Türkenkalender** <langes Ü> = kalauernd für den Adventskalender "mit ganz viele Türkes" (= kleinen Türen) zum Aufmachen
Türkenschaukel, Türkenschiff, Türkenschleuder
großer alter Pkw, insbesondere Caravan / AUTO
Tussi <von: Tusnelda?>
MÄDCHEN; insbesondere dümmliche Freundin
Tütenkopp
dummer oder alberner Mensch / TROTTEL
Tüttelkram
kleine, unwichtige Dinge oder Aufgaben
Tutti, Tuttichen
1. MÄDCHEN, FRAU (im Sinne von nicht emanzipiertem, hilflosem Anhängsel); **2.** auch: KIND (Klein-Tutti)
uhlings <Umstandswort>
schief, krumm -- "paß auf, du fährss ja ganz uhlings, bisse besoffen?"
Uhr
inne Uhr sein = defekt, KAPUTT sein; (eine Taube) **in die Uhr drehen** <Taubenzüchtersprache> = den Gummiring einer Preisflugtaube in eine

'Konstatier-Uhr' stecken, um die genaue Ankunftszeit zu registrieren / BRIEFTAUBE; **die große Uhr ohne Zifferblatt und Zeiger** = der Klotopf, über den man sich beugt, um sich zu übergeben -- "und dann habbich mir die große Uhr ohne Zifferblatt und Zeiger angekuckt, und da wurdet mir ganz anders" / TOILETTE / sich ÜBERGEBEN

ullig
(armselig) KLEIN; **Ullige(r)** = kleines KIND -- "unsere Ullige hat gestern wieder kein Spinat gegessen"

ummen
um den -- "wat hasse denn da ummen Hals?" / SPRACHE

umnieten
umbringen, über den Haufen schießen, mit dem Auto überfahren / TÖTEN

umsäbeln
1. niedermähen, zu Fall bringen (z.B. einen Fußgänger mit dem Auto) / TÖTEN; **2.** beim Sport: die Beine wegziehen / SPIEL

Unität
kalauernd für Universität / HOCHSCHULE

unterbauen <Betonung auf der 3. Silbe>
unterschlagen, an sich bringen / UNEHRLICH

Urse(l)
KleinKIND, Baby; **urselig** = KLEIN, mickrig, winzig, NIEDLICH

Urwaldmaggi
Wermut, Fusel, billiger Schnaps / GETRÄNK

Urzen
durchaus eßbare Reste auf dem Teller, wie sie vorzugsweise von Kindern, die schlecht ESSEN, auf den Tellerrand drapiert werden

usselig <stimmhaftes S>
UNORDENTLICH, ungemütlich (z.B. Wetter)

Vatta
ach du dicken Vatta! = o je!, du meine Güte! / ÜBERRASCHT / AUSRUF

verbaseln
durch Unachtsamkeit oder Ungeschicklichkeit FEHLSCHLAGen lassen; **verbaselt** = geistesabwesend, ZERSTREUT, durcheinander
verbraten
jemandem eine verbraten = jemanden verprügeln, jemandem einen heftigen SCHLAG versetzen
verbrettern
(Geld) mit vollen Händen ausgeben / ZAHLEN
verbrötscheln
in der Pfanne schwarz werden / KÜCHE
verbumfideln
verlegen, verschlampen / VERLIEREN / FEHLSCHLAG
verdelli(ch), verdorri(ch)
verharmlosend für: verdammt / AUSRUF
verdötschen
verformen, verBEULEn -- "sehn die Babies am ersten Tach alle so verdötscht aus, oder hamwer wat falsch gemacht?" / STOSS
sich verfransen
sich verFAHREN, verlaufen, verirren
verfummfeien <aus dem Niederländischen>
verderben, zunichte machen, durchkreuzen / FEHLSCHLAG
verhauen aussehen
übel zugerichtet, übernächtigt, verkatert aussehen / SCHLECHT / SCHLAPP
verkasematucken
(Alkohol) trinken, vertragen können / TRINKEN
verkimmeln
1. beim SPIEL verlieren; **2. (sich) einen verkimmeln, verkümmeln** = Schnaps (Kümmel) TRINKEN
verkinschen
ALT werden, überschnappen, senil werden, verkalken -- "ich bin donnich am verkinschen" / VERRÜCKT
verklickern
jemandem etwas beibiegen, klarmachen, erklären -- "meinze wirklich dat bringtet, wennzese de

Berchpredicht gezz vonne Kanzel auf Ruhrdeutsch verklickers? Packen sich die Konfirmanden doch nich für am Hintern, und die Preßpitter sind sowat von tote Hosen, die sintoch froh, wennse gläubich auffe Betstange hocken und dösen können"

vermachen

1. einen Liebhaber strapazieren, drannehmen -- "Mannomann, wat muß die Helga den Hotte vermacht ham, vorhin hatter doch glatt dreißich Fennich im Briefkasten geschmissen und dabei auffe Uhr gekuckt wieviel er wiegt" / SEX; **2.** verprügeln, übel zurichten / SCHLAGEN

vermatscht

sich vermatscht fühlen = sich zerschlagen, übermüdet, ausgelaugt fühlen / SCHLAPP

vernatzen

jemanden zum Narren halten, seinen Scherz mit jemandem treiben / AUFZIEHEN

sich einen verpitschen -- vgl. pitschen

sich einen verplästern -- vgl. plästern

verpröddeln

(Garn, Wolle usw.) so durcheinanderbringen, daß sich Schleifen und Knoten bilden; ein kaum zu entwirrendes Knäuel daraus machen / UNORDNUNG

verpudeln

verderben, zunichte machen, durchkreuzen / FEHLSCHLAG

verquetschen

(Geld) heimlich ausgeben oder vereinnahmen, nicht ordnungsgemäß verbuchen, vor dem Finanzamt verheimlichen / UNEHRLICH

verschlammen, verschlempern, verschlüren

durch Nachlässigkeit, Unachtsamkeit und mangelnden Ordnungssinn VERLIEREN, verlegen, nicht mehr wiederfinden können

verschnuppern

(Taschengeld) für Eis, Süßigkeiten ausgeben / ESSEN / ZAHLEN

verschröggeln
kokeln, etwas anbrennen, verkohlen
verschrömmelt
verschrumpelt, UNANSEHNLICH (Obst, Gemüse)
verschwiemelt
verkatert aussehend, mit gedunsenem Gesicht, benommen, noch nicht ganz da / SCHLAPP
versemmeln
verhauen, verprügeln / SCHLAGEN
vertobaken
1. (große Mengen) ESSEN verdrücken; **2.** verhauen / SCHLAGEN
vertorfen
durch Nachlässigkeit oder mangelnden Ordnungssinn VERLIEREN, verbummeln
Verträge
mit etwas / jemandem keine Verträge haben = mit etwas / jemandem nichts anfangen können, sich NICHT gut stehen, kein Glück haben
vertrümmen
vertrimmen, verhauen, SCHLAGEN
verwahren
bewahren: kleinere Kinder, aber auch Gegenstände vorübergehend in seine Obhut nehmen; (Kinder-) **Verwahrschule** = Kindergarten
verwämsen, verwimsen
verhauen, SCHLAGEN
Vogel <Taubenzüchtersprache>
Bezeichnung der männlichen Taube (dagegen: Täubin) / BRIEFTAUBEN
Voller <Taubenzüchtersprache>
Bezeichnung einer (auch weiblichen) Brieftaube, die bei einem Konkurs den höchstmöglichen Geldbetrag gewinnt / BRIEFTAUBEN
Wabe
offizielle Bezeichnung für eine Fahrpreiszone des Verkehrsverbundes Rhein-Ruhr (VRR)
wacker
flugs, SCHNELL -- "dann setzich wacker hin un mach Schulla"

Wald
ich glaub ich steh im Wald -- vgl. Spargel; **Waldheini** = unzuverlässiger, nicht ganz ernst zu nehmender Mensch; auch ganz allgemein als flapsige Anrede gebraucht / VERRÜCKT

Wanderpokal
abwertend für ein MÄDCHEN, das leicht zu haben ist und von Freund zu Freund weitergereicht wird

Wärmflasche mit Ohren
scherzhaft für: Bettgenosse, Betthäschen / LIEBE

Wasserlatte
derb für: morgendliche Erektion infolge starken Harndrangs, z.B. nach reichlichem Biergenuß / PENIS

wat
wat is? = Einleitung zu einer Aufforderung, sich zu entscheiden -- "wat is, kommse gezz mit oder nich?"; **wattan wattan** = AUSRUF des Erstaunens (= was denn, was denn), meist zur Einleitung einer Rückfrage -- "wattan wattan, hasse denn den Haupthahn vorher nich abgedreht?" / ÜBERRASCHT

Weißkaue -- vgl. Schwarzkaue

Weltmeister
1. ironisch für jemanden, der alles falsch gemacht hat, sich dumm anstellt -- "du biss vielleichten Weltmeister, hätzjama vorher auffen Stadtplan kucken können" / TROTTEL / VERSAGER / FEHLSCHLAG; **2.** auch positiv ÜBERTREIBENd -- "da hammwa Plätzkes gebacken wie die Weltmeisters"

Wichsbürste -- vgl. Schlag

Wicht <das W., veraltend>
junges MÄDCHEN -- "dat Wicht is abbama nurn Malchen Spinnewipp"

Willem <mit kurzem, offenem Ä>
gebräuchliche Anrede- und Rufform für: Wilhelm / VORNAMEN

Wind
schieß in den Wind = Aufforderung zu verschwinden / WEGGEHEN

Wippstert, Wibbelstert,
1. Bachstelze / TIER; **2.** unruhiges, zappeliges KIND

Wirsing
KOPF

Witwer <Taubenzüchtersprache>
männliche Taube, die zur Erzielung besonders schneller Rückflugzeiten längere Zeit von der Täubin getrennt wurde; besonders effektiv, wenn der Witwer kurz vor dem Auflassen noch für ein paar Minuten zum Schnäbeln (aber eben nicht zum "Treten") zur Täubin darf / BRIEFTAUBEN

wo
Universal-'Fürwort', das zur Einleitung fast aller Nebensätze verwendet werden kann: "dattisdoch der Donnerstach wo Gorbi nach Dohrtmund kommt, odda?" -- "hatterdoch Zeit genuch für, jetz woer pangsioniert is"; Sonderform: **woße** <zusätzliches ß in Anlehnung an 'hasse', 'kannze'> = wo du, wo man -- "nu machdich ma nich im Hemd, dattisdoch Geld woße Anspruch drauf hass" -- "kennze kein Laden woßet billiger kriss?" / SPRACHE

Woilach <von russisch 'wojlok'>
(braune) Wolldecke, Pferdedecke

Wollang
gebräuchliche Anrede- und Rufform für: Wolfgang / VORNAMEN

Wollwott
veraltend für Woolworth (KAUFhauskonzern, inzwischen umbenannt, vgl. Wullko) -- "son Pisselskram kauf ich immer inne Wollwott"

wullachen, wullacken
körperlich schwer ARBEITen; wie **malochen,** aber nicht unbedingt berufsmäßig

Wullko
Woolco (KAUFhauskonzern) vgl. Wollwott

Wupper
über die Wupper gehen = **1.** STERBEN; **2.** KAPUTTgehen; vgl. Jordan
Würfel husten -- vgl. Bröckchen reden
Zammel
etwas DÜNNes, Überstehendes, z.B. Niednagel, Hautfetzen -- "hassema ne Nagelschere dattich den Zammel hier abschnein kann?" / STUMMEL
zappzerapp
im Nu, ohne Federlesens / SCHNELL; **2. zappzerapp machen** (wird vom Sprecher durch eine seitliche Drehung der Hand veranschaulicht) = mitgehen lassen, klauen / DIEB
Zarette
ZIGARETTE -- "hasseman Zarettchen für mich?"
Zeiger
jemandem auf den Zeiger gehen = jemandem auf die Nerven, auf den Wecker gehen -- "kannzauma von wat anners reden als von dein bescheuerten Piepkasten da? Kannzein nämmich - sarrichmaso - softwehrmäßig zimmich auffen Zeiger mit gehen. Wennichdatschon hör: Dschäu-Schtick - wattisdatnuwidder fürne Ferkelei?" / LÄSTIG
Zielwasser
Alkohol, den man vor einem Schützenwettbewerb zu sich nimmt / GETRÄNK
Zeit
in Zeit von nix = im Nu; das Gegenteil von "ewig und drei Tage" / SCHNELL
Zelle <Taubenzüchtersprache>
"Einzelzimmer" einer Brieftaube im Taubenschlag / BRIEFTAUBEN
zocken
1. Pferdewetten; **2.** pokern; **3.** <Knastsprache> allgemein: GlücksSPIEL veranstalten; **Zocker** = **1.** Poker-Experte; **2.** <Knastsprache> GlücksSPIELer
zu
als Verhältniswort meist durch 'für', 'bei' oder 'nach' ersetzt -- "sachter für mich" -- "geh ich

nache Bude"; dafür aber zum vollwertigen Eigenschaftswort aufgewertet: **ne zue Tür** = eine geschlossene Tür / SPRACHE

zugange sein
mit etwas beschäftigt sein, gerade etwas tun / ARBEITEN

Zwergenaufstand
unnütze oder übertriebene Aufregung oder Auflehnung / ÜBERTREIBEN

zwiebeln
etwas tut weh, verursacht Schmerz (vor allem Hautabschürfungen)

Zwiebelporsche
HandeinkaufsWAGEN (Einkaufstasche mit Rohrgestell und zwei kleinen Rädern)

Max und Moritz von Wilhelm Busch

Der Erste Streich
in die Sprache des Ruhrgebiets
übertragen von Claus Sprick

Manche Leute, gaanich doof,
hamen Hühnerstall im Hof,
weil dann könnense im Gaaten
morgens auffe Eier waaten -
auch, weil man son Flattermann
inne Fanne hauen kann,
und die Federn von som Huhn
kannze dann im Kissen tun,
weil wer sich inne Poofe knallt,
hattata nich gerne kalt.

Kumma, da is Witwe Bolte,
die dat onnich gerne wollte.
Mit drei Hühners unnem Hahn
wolltesen paar Tacken spahn.

Max und Moritz, diese Blagen,
wolln dat Federvieh am Kragen,
undse schnibbeln, gaanich dulle,
Stückskes vonne Butterstulle.
Vier so Bröckskes, nich zu dick,
bindense an einem Strick,
dense dann mit flinke Foten
stickum über Kreuz verknoten.
Kuck - da lehngset hinterm Schuppen,
um die Viecher zu betuppen.

Der Gockel hattat gleich geschnallt
und denkt: "Ich glaub, ich steh im Wald!
Jetz schreiße ersma Kickrikih,
sonz raffen dat die Hennen nie!"
Die kamen dann auch angefitscht
und ham die Krümels aufgetischt.

Doch plötzlich, ehse sich verkucken,
sindse am wüagen un am schlucken,
se feckeln hin und feckeln her
und denken sich: "Ich werd nich mehr!"
Dann flatternse bis auffem Baum
und hängen da und glaumet kaum
und schnallen datti Gurgel klemmt
und machen sich vor Schiß im Hemd.
En Ei noch legen könnse nur,
dann sindse alle inne Uhr.

Witwe Bolte in ihrm Bau
kricht wat mit von dem Radau,
springt verdattert ausse Poofe
und bekuckt die Katastrophe,
fängt am heulen: "Ach o Graus,
dat hälze ja im Kopp nich aus,
die aamen Viechers, aus der Traum,
jetz hängense kaputt im Baum!"

Se schnieft und holtat Pittermesser
und denkt bei sich: et is wohl besser,
wennmann die Öskes runterschnippelt,
wose schomma abgenippelt!
Dann quetschtse noch ne Träne raus
und schleppt dat Viehzeuch rein im Haus.

Doch nichenuch mit diese Sache:
Klops zwei is auch schon inne Mache!

Begriffliche Wörterliste

ABLEHNUNG: ein auffen Bollen, unnen Ei aussen Konsum, die Hippe wollt auchen langen Schwanz ham, is nich, im Kino, ja bin ich denn der Leo?, keine müde Mark, den Teufel tun

ABNEHMEN: *abknöppen, *abluchsen, entsteißen, *aus dem Kreuz drehen/leiern

ABREGEN: sich einkriegen

ABSCHLAGEN: abfitzen, petschen

ABSCHNEIDEN: *absäbeln

ABSTREIFEN: abströppen

ABWASSERKANAL: Köttelbecke

ABWEISEN: abschmieren, außen vor sein/bleiben, *weg vom Fenster sein

ACKERWINDE: Pißpöttchen

ADVENTSKALENDER: Türkenkalender

AKTE: Murke

ALT: tote Hose, Kneisterpott, zwischen 80 und scheintot, verkinschen

ALTEINGESESSENER: Pohlbürger

ANFANGEN: eine Sache richtig einstielen, knacken, mamma los

ANFASSEN: anpacken

ANGEBER: Bagger mit Licht, *Fatzke, *Graf Koks (von der Gasanstalt), Graf Rotz (von der Backe), *halbes Hemd, *Laffe, den dicken Otto markieren, prempig, angeben wien Sack Seife, *die große Schau abziehen, *einen auf Schau machen, Spargeltarzan, *Stenz

ANGST: *Bammel, Bangebux, Bullemann, *Fracksausen, einem das Hemd am flattern machen, *sich ins Hemd machen, *Manschetten haben, *Muffe, *geht die Muffe eins zu tausend, Muffensausen kriegen, *Schiß, keinen Schnief haben, Strang haben, *Traute

ANREDE: ej, hömma, hörnsema, Langen, Rotzigen, Schnuffel

ANSPRECHEN: *anhauen

SICH ANZIEHEN: sich anströppen/anströbbeln
ARBEIT: im Brass sein, Brassel, *fummeln, Gebrassel, kloppen, korrekt, Kotten, krücken, Maloche, *malochen, pannen, prümeln, *pusseln, Rabotti machen, Ritzenschieber, auf Schicht gehen, wullachen, wullacken, zugange sein
ÄRGER: einen am Appel kriegen, sich aufkröppen, sich aufkrücken, ausklinken, ausrasten, bräsig, Brass, Brassel, Brast, einen Föhn kriegen, Hacke, (ich glaub) es hackt, *dann ist die Kacke am dampfen, kiebig, kiewig, mit jemandem Knatsch haben, Knies(t), krabitzig, krötig, Larri machen, leckomio, Menkenkes, seine dollen fünf Minuten haben, nickelig, die Pimpernelle(n) kriegen, einen Rochus haben, Scheißspiel
ARZT: Fünflöcherarzt, Nüllenflicker
AUF: los, offen
AUFGEBEN: von der Backe putzen/kratzen können, drangeben, *sich einsalzen lassen, in die Haare schmieren können
AUFLÖSEN: *aufdröseln, auseinanderdröseln
AUFREGUNG: Panhas am Schwenkmast, Panhas am Christbaum
AUFSÄSSIG: *aufmüpfig, *sich mucken, mucksig
AUFSTOSSEN: bäuern, böcken
AUFZIEHEN: anpflaumen, Haumichblau, *einen vom Pferd erzählen, *uzen, *veräppeln, *vergackeiern, vernatzen
AUGEN: Döppen, Flunschaugen, Klüsen, Matschauge
AUSFLÜCHTE: Fissematenten
AUSFLUG: Pollacken-Flachrennen
AUSGEHEN: auf den Jück gehen, auf Trallafitti gehen
AUSLÄNDER: Bimbo, Eschek, Hassan, *Itaker, *Japse, Kaffer, Käsköppe, Knackfuß, Kuffnucken, *Pizzabäcker, Paslack, Pollack, *Spaghettifresser, Spalucken
AUSLASSEN: schlabbern
AUSRUF: achottachott, bärenstark, boo, booch, bor, dat issen Dingen, Gottfriedkuhlmann, hömma,

hörnsema, da wird ja der Hund inne Fanne verrückt, Hustekuchen, is wat?, kapaaftig, klatschdich, sieh mal einer kuck, leckomio, ja bin ich denn der Leo?, Manno, Mannomann, Man(n)ometer, minnigens, Pannemann und Söhne, *Pustekuchen, rubbel die Katz, sauber, ach du Schande, ach du Scheiße, Scheißspiel, mein lieber Scholli, ach du dicken Vatta, verdelli(ch), verdorri(ch), wattan wattan

AUSRÜSTUNG: Klamotten, Klotten

AUSSCHLAG: *Stippen, ein Gesicht wien Streuselkuchen

SICH AUSZIEHEN: sich ausströppen/ausströbbeln

AUTO: Adventsauto, Bagger, Eierfeile, Eierkitsche, *Flitzer, Gitsche, Hämorrhoidenschaukel, Heizölferrari, Hobel, *Karre, Kugelporsche, Leukoplastbomber, Micke, Mimmelquieke, Nuttenporsche, orgeln, Schluffen, Türkenschaukel, Türkenschiff, Türkenschleuder

BADEWANNE: Plunsche, Pullefaß

BASTELN: brasseln, friemeln, *fummeln, klamüsern, knüstern, muscheln, musseln, prutschen, *(rum-)pusseln, selbstgestrickt

BAUCH: Ersatzreifen, Knödelfriedhof, Michelinreifen, *Plauze, Rettungsring, Spiegeleierbauch, *Wampe

BEHINDERTER: Mongölchen, Spasti

BEHÖRDE: Kotten, Oberkotten

BEINAHE: um Sackhaaresbreite

BEINE: Kackstelzen, Stempel

BEKLEMMEND: benaut

BEKRÄFTIGUNG: da kannze drauf an, echt, in echt, kapito, *das einzig Senkrechte, *vielleicht

BELEIDIGT: eine Fleppe ziehen, *Flunsch, *beleidigte Leberwurst, Prempe, prempig, eine Schüppe/Panne ziehen

BEMÜHEN: *sich einen abbrechen, sich einen abkrücken, sich kretten, seine Malessen haben, orgeln, rumturnen

BENEHMEN: tabeldoot

BEREITSCHAFTSDIENST: *Stallwache haben
BERGBAU: abschleppen, abteufen, Anknebler, Anschläger, Arschleder, ausrauben, befahren, Berge, Blindschacht, Blitzer, es brennt!, Einbruch, Erbstollen, Eßkohle, fahren, Fahrte, Fahrsteiger, Fisch, Frosch, Hängen!, Hangendes, Hauer, Hund, Klauber, Knappschuß, Kux, Liegendes, Lochstein, Malakoff-Turm, alter/toter Mann, Mundloch, Mutterklötzkes, pingen, Pinge, puckeln, Pütt, rauben, Schichtgebet, Schießmeister, Schlägel und Eisen, Schwarzkaue, seiger, Seilfahrt, Sohle, söhlig, Steiger, Stempel, Strecke, Teckel, Teufe, Weißkaue
BERGMANN: Kumpel, Püttmann, Püttrologe
BESCHULDIGUNG: ein Bonbon ans Hemd kleben
BESIEGEN: *ausputzen, naß machen, plattmachen, schruppen
BETRUNKEN: abfüllen, bräsig, breit, daune, duhn, schnirpeduhn, Glimmer, einen inne Hacken haben, hickehackevoll, einen im Kahn haben, einen inne Klotschen haben, Kopf wie ein Rathaus, einen Kopfschuß haben, sich hier kratzen können, Männchen mit den Nagelschuhen, einen in der Mütze haben, Schesemännchen sein, einen im Schlappen haben, runde Schuhe anhaben, die Schuhe verkehrtrum anhaben, einen Sockenschuß haben, stramm, unter Strom stehen
BETT: *Besuchsritze, Heia, Kaschott, in die Kiste gehen, Matratze riechen, auf die zwei Meter gehen, *Molle, in die Molle schieben, Poofe, ab in die Puppen, Tonne
BEULE: Blötsch, Dötsch, Hörnchen zu fuffzig, *Macke, verdötschen
BEUTEL: Püngel
BIER: Hunderterschraube, Kanne, Köpi, Pferdemiege, Pißfix, Schächtelchen Bier, Täßchen Bier
BITTEN: *anhauen, kannichma?, kannzema?, können
BLEISTIFT: Bleier
BONBON: Babelken, Bömmsken, Klümmchen, Klümken, Klümkes, Sammi, Stift

BRIEFTASCHE: Patte
BRIEFTAUBEN: Duwenvadder, gut Flug, Kabinenexpress, Konkurs, Konkurszeit, Konstatieruhr, loses Weibchen, Pipigaudi, poulen, Schwanzpreis, Taubenjunge, Taubenkerl, Täubin, Taumvatter, in die Uhr drehen, Vogel, Voller, Witwer, Zelle
BÜNDEL: Püngel
BÜROKRAT: Essigpisser, Sesselpuper, *Tintenpisser
BUSEN: Keks(e), Möpse, satte Mutter, Piez
CHEF: BigMäc, Obermacker, Präses
CLOWN: Spichalski
DIEB: *Eierdieb, Ganeff, Klaubock, Kläuer, *mopsen, Pattenzieher, zappzerapp
DIEBESGUT: Schore
DINGSDA: Dingens, Dingenskirchen, Ömmes
DOPPELT: *doppelt gemoppelt
DRECK: Driet, Mott
DREIST: prempig
DROHUNG: ich lutsch dir gleichen Auge aus, ich schieß dir gleichen drittes Auge, komm du im Bett, gleich rappeltet im Katong, willzen Satz heiße Ohren
DÜNN: *halbes Hemd, Pissel, Schmachtlappen, schroh, spiddelig, Spinnewipp, spirrig, Spucht, Strich inner Landschaft, Zammel
DURCHFALL: *Durchmarsch, Dünnflitsch, Dünnpfiff, flotter Heinrich/Otto, *Lauferitis, Rache Montezumas
DURST: *Brand
EGAL: egal ist achtundachtzig, gehoppt wie gesprungen, etwas machen wie Pfarrer Assmann, Schisskojedno, Schisskojenno, schlören lassen, schlüren lassen, schnurz und piepe, schnurzegal, *wurscht
EINFACH: locker (vom/übern Hocker), Pipifax, pipileicht, puppig
EINKAUFSTÜTE: *Türkenkoffer
SICH EINSCHMEICHELN: sich ankötteln, sich anpieseln, *scharwenzeln, Schleimi, *Schleimscheißer
EINTRACHT: Friede Freude Eierkuchen, kondom

gehen

ELEND: dat arme Dier kriegen

EMPFÄNGNISVERHÜTUNG: *Ostfriesenroulette, vatikanisch Roulette, Smarties

EMPFINDLICH: *etepetete, fies für/vor sein

ENERGISCH: rangehen wie Ferkes Willem, hau rein is Tango, mit Kafuck, kapaaftig, *mit Karacho, Kawumm, Kawupp, Kawuppdich, volle Lutsche, volles Pfund, *volles Rohr, *mit Schmackes

ENG: sich knubbeln

ENTFERNUNG: Strahl

ENTSCHEIDEN: barfuß oder Lackschuh, Pinneken-/Pinnchen ziehen

ERFAHREN: *baldowern, *rausklamüsern, rauspopeln

ERFOLGLOS: nicht aus dem Kreuz kommen

ERHOLEN: sich bekrabbeln

ERKLÄREN: *verklickern

ERZÄHLUNG: Döneken

ESSEN: abknabbeln, aufscheppen, barfuß, Beamtenspargel, Bergmannsbraten, Blubber, Gänse-/Hähnchen-Bollen, Bratskartoffeln, Bremsklotz, Bütterken, buttern, Dubbel, Erpel, Erpelschlut, Fitzebohnen, *Flattermann, *Fraß, *Fressalien, Fritten, Gedatschter, Gulpopo, *Gummiadler, *Gummigeier, Hasenbrot, Heringsstipp, Hoppelpoppel, Kappes, Karro, Knäppchen, Kniffte, Löwenköttel, Mafia-Torte, Mampfe, Matsche, Mutzemandeln, nabbeln, Negerpimmel, Neujährkes, Ötzen, Panhas, pännekesfett, Pellmänner, Plempe, *Plörre, Pommes, pröffen, prufen, reinfegen, reinhauen, reinpfeifen, reinzerren, reinziehen, Rot-Weiß, Schlabberkappes, Schlampe, Schlappi, schnuppern, Ströppmus, Stulle, Stutenkerl, Urzen, verschnuppern, vertobacken

FAHREN: (be)fahren, brettern, der hat seinen Führerschein auffe Rolltreppe gemacht, *juckeln, Kaneh, nageln, durch die Pampa heizen, Pättkenfahrt, Pättkestour, *(rum)gurken, *rumgondeln, rumjachtern, rumjächtern, rumjückeln, rumsülzen, Runzelkarte, sich verfransen, *Würmeling

FAHRSTUHL: Bonzenheber
FASERN: Fissel, Schluwen
FAUL: Laumalocher
FEHLSCHLAG: Flötepiepen, Hustekuchen, Klops, *seine Mucken haben, Scheiße bauen, Scheißspiel, schlempern, Schote, vor den Schrank laufen, Schuß in den Ofen, ist die Suppe verhagelt, verbaseln, verbumfideln, verfummfeien, verpudeln, *versaubeuteln, Weltmeister
FEIERABEND: Schicht machen
FEIERN: Abraham sehen, Halligalli, Ramba-Zamba, *Remmidemmi, *eine Sause machen, Trallafitti, auf Trallafitti gehen
FENSTER: Kippmännchen, Schott
FERNSEHGERÄT: *Glotze, Glubsche, Glubschkiste
FESTHALTEN: *jemanden am Schlafittchen packen
FLEGEL: Bischek, Lökel, Lorbaß, Paslack, Seger
FLÜSSIGKEIT: Lorche, *Lorke, Miege
FRAU: Alsche, *Altsche, ette, etteken, Lutsche, Mattka, Mistbiene, Olle, *Perle, Putzlappengeschwader, Schlunze, Schnäbbelliese, *Schnecke, *Schreckschraube, linke Titte, Töle, Trudchen, Trulla, Trutschka, Tülle, Tutti, Tuttichen, *Zapfschnecke
FREIGEBIG: *die Spendierhosen anhaben
FREUND: Kumpel, Mäc, Macker, Ollen, *Perlo, Scheetz, Strulli
FRÜHSTÜCKEN: buttern
FÜLLEN: aufscheppen
FUNKGERÄT: Handgurke, Handpuste, Spargel
FUSSBALL: auf Schalke gehen, dötschen, Klebe, pöhlen, Pöhlers, Rot-Weiß
FÜSSE: Käsemauken, *Käsequanten, *Mauken, Pillefüße, *Quadratlatschen
GAUNER: abgezockt, linke Bazille, Bunke, Ganeff, Lorbaß, Möppes, Schaluppi, *Schlawiner, Schlickefänger, Schlirch, Schlot, Schmierlapp, Schubiak
GEBEN: tun
GEFÄNGNIS: *(ab)brummen, *einbuchten, *in den

Kahn gehen, Kaschott, in die Kiste gehen, *Kittchen, *Knacki, *Knast, *Knastologe, Knastrologe, *gesiebte Luft atmen, *verknacken

GEFÄSS: Aschentonne, Braunsche Röhre, Dröppelminna, Henkelmann, Kanne, Kohlentröte, Kump, Milchtöte, Töte

GEGENSTAND: *Apparillo, Bello, Brack(er)mann, Earnie, Kalabreser, Kawenzmann, Ömmes, Oschek, Oschi, *Otto, Pinnorek, Pissel, Prengel

GEGENTEIL: im Gegentum

GEHEN: derben, eiern, fäntern, feckeln, kafeckeln, fitschen, jückeln, lostigern, schlörren, schluppen, schlürren, stratzen, tändeln, tapern, teita gehen, vor Tür gehen

GEISTLICHER: die schwarze Kuh im Stall haben

GEIZIG: Fuchser, happig, kniepig, Kniepstiebel, Schrapper, Schrapphals, schrappig

GELD: Abstecke, Asche, Blauer, Bollerrad, Euro, Fuchs, Geige, Gequetschte, *Heiermann, Klimpergeld, *Knete, *Kohle(n), bar auf Kralle, Krümmelsbetrag, Limburger, hunderte/tausende von Marken, Messing abwerfen, Meter, Moppen, Möpse, Negergeld, Ohren, Patte, *Penunse(n), Pfund, Porpmonee, Poscher auf Kralle, Püttgeld, Rabotti, *halber Riese, *Schickermoos, Schleife, Schotter, Sonntagsgeld, Tacken, *Zahlemann

GELINGEN: *fluppen

GEMEIN: ein Bonbon ans Hemd kleben, nickelig, schäbbig

GEMÜTLICH: muckelig, *schnuckelig

GENIESSEN: reinziehen, Schmecklecker

GERÄUSCH: gnatschen, klackern, *kladderadatsch, klatschdich, *pardauz

GESCHÄFT: Fitsch, Klüngel miteinander haben, Messing abwerfen

GESICHTSAUSDRUCK: bedröppelt, Lebbe

GESUND: sich bekrabbeln

GETRÄNK: Absacker, Durchfallbronn, Fiffi, *Fusel, Gedeck, *Gesöff, Killepitsch, Knickerwasser, Krane(n)berger, Krefelder, *Kribbelwasser, Kurzer,

Lorche, *Plörre, Rein' Wort Gottes, Rülpswasser, Ruppiger, Samtkragen, Schabau, Schmunzelwasser, Urwaldmaggi, Zielwasser

GEWINN: *Reibach

GLÜCK: *Dusel, *Massel, einen Papst in der Tasche haben

GRIFF: Hengel

GRUSS: hau rein dattet rumst, schüskes, Tach zusammen, bis die Tage

GUT: bärenstark, bärig, bomforzionös, dobsche, drauf sein, *dufte, *einsam, das haut den stärksten Eskimo vom Schlitten, die Fetze sein, *fetzen, *fetzig, geht nix für..., *geil, voll einen anne Glocken kriegen, *irre, knuffig, rattenscharf, reinfetzen, schrill, spitzenmäßig, *stark, tierisch, töffte, toffte

GUTMÜTIG: ein Gemüt wie eine Brummfliege haben, treuer Schluffen, scheint die Sonne aus dem Arsch

HAAR: Fiffi, Kanten, Klüsen, Knäppchen, Knütsch, Krüssellöckchen, Matte, Pläte, Pröddel, Stiftekopp, Totten, *die Treppe runtergefallen sein, *Zottel, *Zottelkopp

HAMMER: Mlotek, Mottek

HÄNDE: Pätzkes

HAUS: Kabachel, Kotten

HAUSAUFGABEN: Schulla

HEIMLICH: stickum

HERUMTREIBEN: rumschlumpfen, *rumstromern

HINAUSWERFEN: *schassen

HINFALLEN: einen Adler machen

HINSCHICKEN: *scheuchen

HINTERN: Fott, Föttken, Futt, Kunt, Pöter

HOCHSCHULE: Akamie, Unität

HOMOSEXUELLER: Detlef, Detlev, Erich, *Tunte

HOSENSCHLITZ: Stall

HÜHNERSTALL: (Hauner-) Feckel

HUNGER: *Kohldampf, Schmacht

HUSTEN: einen abseilen, Bergmannsjojo, bölken, Briketts husten, Flörch, kröchzen, *die Motten haben, ausser siebten Sohle holen

IGNORIEREN: die Ohren auf Durchzug stellen

IMBISS: Donaldstuben, Frittenstall, Pommesbude, Schnellfreß

JA: jau, jee

JUNGGESELLE: *Einspänner

KAFFEE: Käffken, Negerschweiß

KAFFEESATZ: Prütt

KAPUTT: durchknallen, über den Jordan sein, *kapores, koppheister gehen, im Teich, inne Uhr sein, über die Wupper sein

KAUFEN: Ciska und Anna, holen, Konsum, Wollwott, Wullko

KEGELN: Kackstuhl, Nümmerchen putzen/machen, Ommas Gebiß, Pumpe, Stina

KEHLE: Tröte

KENNENLERNEN: abschleppen, anbaggern, sich anpieseln

KERNGEHÄUSE: Kitsche

KIND: Blag, Dopp, *Dotz, Dötze, Dötzkes, Dröppel, Eumel, Fitzemann, Föttken, Furzknoten, Furzknubbel, Hibbel, Hümpsken, i-Männchen, Ipschek, Jaust, Kiki, Köttel, Krotz, Krötzken, Kurzer, Lütte, Oschek, Ösken, Prömmel, Schisser, Schlickefänger, Schlirch, Stöppken, Stöpsel, Ströppken, Tutti, Ullige(r), Urse(l), Wibbelstert, Wippstert

KINDERGARTEN: (Kinder-) Verwahrschule

KITSCH: Gelsenkirchener Barock, Kitschback

KITZELN: killern

KLAR: alles Banane, *ist gebongt, kapito, klar wie Klärchen, klaro, *alles paletti

KLEIDUNG: Anziehsachen, Blaumann, Bollerhose, Borbecker Halblang, Brocken, *Buxe, Fummel, für gut, Galotte, neuer Jonteff, *Kaftan, Klamotten, *Kledage, Klotten, Klüngel, *Kulturstrick, Miefsocken, *Montur, (Nacht)-pölter, Nuttenzobel, Pisselumpen, Pisselümpen, Pisselünnen, Plörren, Plünnen, Polter, Pusselümpen, Schlabberdönken

KLEIN: Fürzepüppel, Gefick, impig, Ipschek, ipschig, Knipperdolling, kreplig, krümmelig, Krümmelsbetrag, Mickermännchen, *Schrumpfgermane, spiddelig, spirrig, ullig, urselig

KLINGELN: anschellen, Klingelmännchen spielen, Schellemännchen, Schellemänn(e)kes

KNÄUEL: Pröddel, Prömmel

KOMMEN: angedackelt kommen

KOMPLIZIERT: *knifflig

KOPF: *Ballon, *Birne, *Dez, Feige, Kappes, *Keks, Latüchte, Nuß, Pläte, Wirsing, *Zwiebel

KOPFBEDECKUNG: Aalscheppe, Fletsch

KOPFSPRUNG: *Köpper, *Stickser

KÖRPER: krumm wie ein Flitzebogen, Flügeletui

KOT: Köttel, Patzköttel, Pätzköttel

KRAM: Brocken, Gedöns, Klüngel, Kroppzeug, Kros, krosen, Pisselskram, Pisselumpen, Pisselümpen, Pisselünnen, Pusselümpen, Schlampampel, Schrux, Sums

KRANK: Bazillenmutterschiff, bläßkes, *Buchknippen, wat is gehsse kaputt?, Kaputtnik, kaputtschreiben, rumkrepeln, lurig, sich matschig fühlen, *die Motten haben, Pine, Pips, schwiemelig, Steinstaub

KRATZEN: schubbeln

KRAUS: krüsselig

KRUMM: uhlings

KÜCHE: brötscheln, brotscheln, döppen, durcheinander, Erpelstämmer, Flötekessel, gestuft, Pannschuber, Schöttelplaggen, verbrötscheln

KÜNDIGEN: *schassen

KUSCHELN: sich einmuckeln, schmüserig

LACHEN: *sich einen Ast lachen, sich beömmeln, beeumeln, sich bretzeln, geiern, gibbeln, Gibbeltante, gigstern, Kalberkopf, Kichererbse, *sich kringeln, da kriegen die Ohren Besuch, Scheiße schreien

LAMPE: Blitzer, Frosch, Geleucht, *Latüchte

LANGE: *bis in die Puppen

LANGSAM: drämelig, drämeln, drölig, drömmeln, ein langes Hemd anhaben, klüngelig, ölen, tucke-

tucke

LANGWEILIG: Funzel, *furztrocken, Hänger, tote Hose, lufttrocken, *Nieselpriem, *Stiesel, *Tranfunzel, *Transuse

LÄRM: *Rabatz, *Randale machen

LÄSTIG: drisseln, Kack, auf den Keks gehen, Maschore, pängstern, Pisselskram, auf den Sack gehen, *auf den Wecker gehen, auf den Zeiger gehen

LAUERN: spinksen

LEHRER: Frollein, Mikätzchen, *Steißtrommler

LEHRLING: *Azubi, *Ladenschwengel, Spucht, *Stift

LERNEN: *bimsen

LIEBE: Bubu machen, *fummeln, Herzkes inne Augen haben, knubbeln, Knüssel, Krösken, muscheln, musseln, schmüserig, Schnuffel, Sternkes inne Augen haben, *verknubbeln, Wärmflasche mit Ohren

LOB: bissen Töfften

LOCH (im Strumpf): *Kartoffel

LÖSUNG: *Trick Siebzehn (mit Falle und Selbstüberlistung)

LÜGEN: bekohlen, einen vom Pferd erzählen

LUST: *Bock haben

LÜSTERN: frischmachen, lang machen, mucker sein, spitz wie Nachbars/Opas Lumpi

LUTSCHEN: Loller, lollern, *Lolli, lullen

LUXURIÖS: Bagger mit Licht, Haute Volaute, mit allem Komfort und Zurück, *mit allem Pipapo

MÄDCHEN: Brummsumse, Brummsuse, lecker Dierken, ette, etteken, heißes Gerät, Gibbeltante, *Ische, Keule, Kichererbse, Landei, satte Mutter, Schese, Schickse, Schranze, *schnuckelig, Töle, Törtchen, Trudchen, Trulla, Trutschka, Tülle, Tussi, Tutti, Tuttichen, Wanderpokal, Wicht

MANN: Aschenmänner, Dachhase, *Fatzke, Freier, schräger Fürst, Heiopei, Immchen, Kaffer, Klepperhannes, Klüngelskerl, Klüngelspitt(er), Kneisterpott, Knülli, Kober, Kumpel, *Laffe, Langen, Lappes, *Lulatsch, Macker, *Maxo, Obermacker,

Ollen, Packaan, Prolo, *Perlo, Ritzenschieber, Saftarsch, Sausack, Schlunz, Schlunzkopp, Schmachtlappen, Seger, Stratege, Töfften

-MANN: Backmann, Birnemann, Blaumann, Brack(er)mann, Bullemann, Dullmann, Fitzemann, Flappmann, Flattermann, Henkelmann, Kawenzmann, Laumann, Lichtmann, Pannemann, Pellmänner, Pille(r)mann, Pittermann, Püttmann, Schesemann sein

MASSE: Flitsch, Glibber, Mampe, Mampe-Pampe, Maschore, *Pampe, Plempe, *Plörre

MEDIKAMENT: (schweres) Geschoß

MENGE: Hümpel, Kletsch, Knubbel, mehrere Meter, Mütze, Naht, Remmel, Streifen, Tacken, Tuck

MENSCH: Earnie, Fott, Fürzepüppel, Fuzzi, krummes Gefick, langes Gereck, *Gesocks, Hahnepampel, Heiopei, Herzken, tote Hose, Kaffer, Kalberkopf, Kamuffel, Kaputtnik, Kawenzmann, *Kindskopp, *Klappergestell, Knackfuß, Knubbel, *Kotzbrocken, Krepel, *Lulatsch, Meckerfott, Mickermännchen, Mistbolzen, Muffkopp, fieser Möpp, Möppes, Müffi, Pohlbürger, Pollack, Quaksack, Quaterkopp, Saukopp, Schlaffi, Schlappi, Schleimi, Schlönzken, Schlot, Schmachtlappen, Schmierlapp, Schmierläppken, Seepenspönken, Spinnewipp, Spucht, Strich inner Landschaft, Tonne, Träne

MERKWÜRDIG: gediegen

MESSDIENER: Schellemänneken

MESSER: Hümme(l)ken, Knippchen, Lümmelken, Pittermann, Pittermesser

METZGER: Katzoff

MITNEHMEN: abschleppen, rumschlüren

MÖBEL: Gelsenkirchener Barock, Jaffamöbel, Pitterkasten, Schapp, Schoß

MOND: Säufersonne

MÜHSAM: rumkrepeln, *Schlauch, *schlauchen

MULDE: *Kuhle

MÜLLABFUHR: Asche, Aschenkippe, Aschenmänner, Aschentonne, *Kippe, schallern

MUND: Babbel, Gusch(e), *Klappe, Mule, Schnüß,

*Schnute
MUSIKMACHEN: *dudeln, *Dudelkasten, Tröte, tröttern
MUSKELN: Mackes, Muckis
NASE: Gummel, Nüssel, Omme, *Zinken
NASENSCHLEIM: Bullemännchen, Knirbel, Ötter, *Schnodder, Schnotten, Schnötten, Sodder
NASS: kladdernaß, kletschnaß, pladdernaß
NERVENKLINIK: *Klapsmühle, Nasenbleiche
NERVÖS: *fickerig, hibbelig, hippelig, knibbeln, Knibbelkopp, *Rappel, Rappelfott, Rappeltrine, rattendoll, im Sechseck springen
NEU: nigelnagelneu
NEUGIERIG: *gespannt sein wie ein Flitzebogen
NICHT: *nicht die Bohne, *weiß der Geier, *null, kein Schnatz, keine Verträge haben
NIEDLICH: *schnuckelig, schnuffig, urselig
NIEMAND: *kein Schwanz
NÖRGELN: Brummsuse, Knatschkopp, knöttern, Knötterkopp, lurig, Meckerfott, *Miesepeter, *moppen, Muffkopp, *Nieselpriem, nölen, ösig, quaatschen, rumsülzen
OBHUT: verwahren
OHREN: Kellen, Lauscher, Rotzlöffel
OHRFEIGE: Dachtel, eine gefegt kriegen, flusen, ein'n geflappt, nuschen, (ein Satz) heiße Ohren, *eine schallern, *eine scheuern, eine tafeln
ONANIEREN: sich einen abzupfen, *runterholen
ORTSNAMEN: Lago di Baldino, Glabotki, Monte Katerno, Kö, am Krausen Bäumchen, Monte Schlacko, Rü, Rüttentütt
PAPIERE: Fleppen
PARFÜM: Nuttendiesel
PEDANT: Dünnbrettbohrer, *Erbsenzähler, Essigpisser, fieseln, fimmelig, Kernbeißer, *Korinthenkacker, Krümelkacker, Pieselkopp, *Pisselskrämer, Sperrholzbohrer
PENIS: Dödel, Hammer, *Latte, *Morgenlatte, Nülle, Pillermann, *Riemen, *Ständer, Wasserlatte
POLITIK: linke Bazille, das richtige/falsche Gebet-

buch haben, Klüngel
POLIZEI: Bulle, *Polente, *Tschako
POTTKIEKER: Erpelschulte, Luckebömmel, Spinnewipp
PRÄSERVATIV: Lümmeltüte, Präser
PRIMITIV: das Licht noch mit dem Hammer ausmachen, primif, die Miete mit dem Revolver kassieren
PROBLEM: Dollpunkt, dann is Hängen im Schacht, Kasus Knacktus, Knackpunkt, Kopf wie ein Rathaus, Packende, *auffem Schlauch stehen, *in Schwulitäten kommen
PROSTITUTION: Bockschein, Eierberg, *Freier, Gurke, Nutten-TÜV, *Schnalle, Stripstube
PUTZEN: feudeln, muscheln, musseln
PUTZFRAU: *Perle, *Putze, Putzlappengeschwader, Putzolle
PUTZLAPPEN: Feudel
RADIERGUMMI: Raditzefummel
RASIERAPPARAT: *Barthobel
RAUM: Kabause, Kabäusken, *Kabuff, Kaschott
REDEN: sich auskoddern, *sich auskotzen, *bekakeln, blubbern, *Gelaber, *Geseires, *Gesülze, einen Kall machen, kallen, *Kokolores, Laberkopp, labern, lullen, *sich den Mund fusselig reden, pläuschen, Pläuschken, Quaksack, Quaterkopp, quatern, *rumlabern, Sabbelwasser getrunken haben, säuseln, *Schmonses, schnäbbeln, *Schote, Spruch, sülzen
REGNEN: dröppeln, fisseln, meimeln, *nieseln, plästern, *schütten
REICH: was an den Füßen haben
REICHEN: rüberschmeißen, rüberwerfen
RICHTIG: Butter bei die Fische, korrekt
RIEGEL: Scholle
RUHRGEBIET: Kohlenpott
RUHRSCHNELLWEG: Ruhrschleichweg
SALMIAKPASTILLE: Sammi
SATT: sich plusterig fühlen, pupsatt
SCHAUFELN: (ein)pannen, *einscheppen, Panne,

Pannschüppe
SCHIMPFEN: du kannz mich ma am Abend besuchen, anbölken, *anmachen, anpflaumen, dösig, frischmachen, *leck mich, leck mich doch am Leibchen, Mistbiene, Mistbolzen, moppern, *mosern, *motzen, Patzköttel, Pätzköttel, einen reinwürgen, *Rüffel, *einen auf den Sack kriegen, Saftarsch, Sausack, sauber, schättern, *Scheibenhonig, *Scheibenkleister, *Schleimscheißer, *leck mich am Sockenhalter, Spalucken, ollen Stinkstiebel, leck mich inne Täsch, Tortenarsch
SCHLACKEN: Schröwen
SCHLAFEN: Bubu machen, Heia machen, knacken, die Matratze abhorchen, *poofen, ratzen, schnurcheln
SCHLAGEN: alle machen, ballern, Dachtel, düpsen, einen einschenken, einwämsen, eine gefegt kriegen, flusen, frischmachen, voll einen anne Glocken kriegen, aus dem Hemd hauen, *die Hucke voll hauen, einen vor die Karre hauen, Kitschauge, Klopperei, Mutzkopp, nuschen, plästern, einen auffen Punkt kriegen, eine tafeln, Taucherbrille, eine tupfen, eine verbraten, vermachen, versemmeln, vertobacken, vertrümmen, verwämsen
SCHLAPP: abgelatscht, sich von innen bekucken, *geschlaucht, *groggy, kapüh, lurig, sich matschig fühlen, sich mau fühlen, Schlaffi, Schlappi, keinen Schnief haben, Träne, verhauen aussehen, sich vermatscht fühlen, verschwiemelt, *auf dem Zahnfleisch gehen
SCHLAU: abgezockt, wissen was Ambach ist, auf dem Durchblickerlehrgang in Zwiesel gewesen sein, finnig, *einen Riecher für etwas haben
SCHLECHT: abgelutscht, ätzend, schwaches Bild, ein Bonbon ans Hemd kleben, derb, da kannzen Ei drüberschlagen/drüberhauen, Hugo, schmeckt wie Hund (von) hinten, schmeckt wie Knüppel auffen Kopp, schmeckt wie Laterne ganz unten, schmeckt/riecht wie Omma unterm Arm, schäbbig,

verhauen aussehen
SCHLEUDER: Fletsche, Krampe, schnacken
SCHLITTERN: schlindern
SCHLUCKAUF: Hick, Hickeschlick, Schlick
SCHLUSS: finito, kurze Fuffzehn machen, *Sense, *jetzt ist zappenduster
SCHLUSSVERKAUF: Pollacken-Flachrennen
SCHMERZ: zwiebeln
SCHMUCK: Bello, Briller, Brilli, *Klunker
SCHMUGGELN: *paschen
SCHMUTZ: Bremsspur, *(rum)ferkeln, Flitsch, Hobbyflecken, Kniest, hier sieht es aus wie bei Sau(s), Schmierlapp, Schmierläppken, Sportsflecken, Totten, *Wutz, *wutzen
SCHNELL: abjachtern, *Affenzahn, wien Dopp, ehmkes, Falten aus der Hose/ aus dem Sack bügeln, kurze Fuffzehn machen, gau, *mit Karacho, rubbel die Katz, rappzapp, roppzopp, ruckizucki, (vollen) Stoff geben, *volle Pulle, wacker, *auf Zack sein, zappzerapp, in Zeit von nix
SCHNORREN: van Ander(e)n, Laumann, Lauschepper, Schnoratti
SCHNULLER: Loller, lollern
SCHNUPFEN (Tabak): schnüten
SCHÖN: lecker, *schickobello, Schmachtlappen
SCHRANK: Schapp
SCHREIBEN: abpillern, *abpinnen, *Friedrich Wilhelm, *Gekrakel, *Krakel, *krickeln, *(Sau)klaue, *Schrieb, pinnen, *Wisch
SCHREIEN: (an)bölken, *krakeelen, päpen, *rumbölken
SCHUBLADE: Schoss
SCHUHE: Flurschadenbretter, Galoschen, Kindersärge, Klotschen, Pampuschen, Pöhlers, Puschen, Schluffen, Schocken, Treters
SCHULD SEIN: etwas in Schuld sein
SCHULDEN: auf Kubitschko kaufen, Latte
SCHUSSWAFFE: *Ballermann, Knarre, Plempe, Püster, *Zimmerflak
SCHWANGER: einen Braten im Rohr haben

SCHWITZEN: ölen
SEHEN: *kiebitzen, kucken, Luckilucki machen, pillern, plinken, plinsen, spinksen, spinzen
SEHR: gut, helleweg, *volle Kanne, *mit Karacho, lecker, volle Lutsche, Mords, Naht, noch und nöcher, nochmaa, onnüesel, volles Pfund, *volle Pulle, *volles Rohr, *mit Schmackes, *schwer, Streifen, tierisch
SEX: *anbuffen, *kalter Bauer, *bim(m)sen, bügeln, *bürsten, Hobbyflecken, Klick-Klack-Kugeln, nageln, *schnelle Nummer, orgeln, *Quickie, Sportsflecken, vermachen
SICHER: am Krausen Bäumchen
SIEDLUNG: Kolonie
SINGEN: schallern
SITZEN: hinpotten, rumschlehnen
SOMMERSPROSSEN: in die Kacke geblasen haben
SONNE: Lorenz
SPIEL: abpetschen, einen Adler machen, Arschbombe, *bolzen, Chicago Lügen, Dilldopp, dötschen, Flummi, Fummelbunker, *fummeln, Gummitwist, hinkeln, hümpeln, käbbeln, *kalbern, *Karte odern Stück Holz, *katzbalgen, ein Kläppchen machen, Klick-Klack-Kugeln, Klingelmännchen spielen, *Knicker, willzemaen Kölner Dom sehn?, Kugelbude, kugeln, Kusselkopp, Mau-Mau, Miegewippe, Oberzocker, Pinkatsch, Pinneken/Pinnchen ziehen, Pitschendopp, pöhlen, Probe, Püschken auffe Leiter, Räuber und Schanditt, Rulle machen/haben, rumplästern, schabbeln, Schellemännchen, Schnick-Schnack-Schnuck, Schnippedillrich, schruppen, Spökes machen, tausend Stecknadeln, Stoppenknäcker, stuxen, teicheln, tuppen, umsäbeln, verkimmeln, zocken, Zocker
SPRACHE: anfangen, auf, bei, für, gezz, hömma, kumma, ma, mamma, nach, nich, nochmaa, nomma, nonimma, Öfsken, Polnischplatt (mit Zungenschlag), samma, sarrich, sexich, ummen, wo, zu
STADTVIERTEL: Klein-Chicago, Klüngelskolonie, Mau-Mau, Pampas

STEIN: Backmann

STERBEN: *abnippeln, die Blümchen von unten bekucken, den Griffel weglegen, *hops gehen, über den Jordan sein, koppheister gehen, *den Löffel weglegen, *die Radieschen von unten bekucken, *verschüttgehen, über die Wupper gehen

STILL: *sich nicht mucken, stickum

STINKEN: *Mief, *miefen, möffen, muffen, *müffen, müffeln, Müffi

STOCHERN: prockeln, Prockeleisen, *Prockelstock, prokeln, Stocheisen, stochen

STOSS: andötschen, anticken, antitschen, antucken, Deu, schuppen, titschen, Tuck, verdötschen

STRAFE: *sein Fett (weg-)haben

STRAFZETTEL: Blaumann, Blaumeise, Knöllchen, Parkmieze

STREICHHOLZ: Kiste Licht, Striekspönken

STREIT: wie die Besenbinder, käbbeln, wie die Kesselflicker, Klüngel miteinander haben, mit jemandem Knatsch haben, Knies(t), Larri machen, Stunk machen

STÜCK: Fitzken, Placken

STUMMEL: Fissel, Knirbel, Zammel

SUCHEN: abklabastern, *abklappern

TANZ: Klammerblues, Ranschleiche, Schmuseblues

TASCHENGELD: *Schickermoos, Sonntagsgeld

TASCHENTUCH: *Rotzfahne, Strunztuch, *Tempo

TAUCHEN: döppen

TÄUSCHEN: *fudeln, Fuschzettel, krücken

TECHNIK: Mimik

TELEFON: anbimmeln, Schmuseleine, *sich an die Strippe hängen

TEUER: happig, da muß ne Omma viel für stricken

TIER: Bergmannskuh, Brummsumse, *Dachhase, *Hottehü, Hottemax, *Kläffer, Klepperhannes, Krepel, Kröch, Kröer, Miegampe, Ösken, Ötsch, Püschken, *Sackratte, Sumse, *Tapetenflunder, Töle, Wippstert, *Zossen

TOILETTE: Aalskuhle, Bello, auffen Bottich/Eimer gehen, *Klo, *Pinkulatorium, Tö, die große Uhr ohne Zifferblatt und Zeiger

TÖTEN: *alle machen, plattmachen, umnieten, umsäbeln

TRINKEN: sich einen ankrämmeln, antüttern, antuttern, ballern, einen Deckel machen, Domino spielen, *sich die Hucke voll saufen, *knülle, *picheln, Picheltour, Pinneken, Pinnchen, sich einen (ver)pitschen, sich einen (ver)plästern, reinfegen/reinpfeifen, *reintun, *eine Sause machen, schlabbern, *Schluckspecht, sich einen schnasseln, Spritkopp, süppeln, verkasematucken, verkimmeln, *verlöten

TROMPETE: Tröte

TROTTEL: Arsch mit Ohren, *ballaballa, *beknackt, beknatscht, bematscht, beschmiert, besemmelt, *bestußt, Birne, Birnemann, Blötschkopp, Bratarsch, Bratbär, Chaot, Dämelskopp, Dämlack, Döllmer, dösig, Döskopp, Döspaddel, dulle, Dullmann, Dummbatz, Dusseldier, Earnie, Eumel, Faxenheinz, Flabes, Flappmann, Geflappter, Ganeff, Halbgeflappter, Hirni, Kamuffel, Kappeskopp, doof wie ne Karre Asche, einen Kopfschuß haben, panne im Kopp sein, ein bißchen kurz unter der Mütze sein, Pannemann (und Söhne), Peias, Piesel, Semmelkopp, Stratege, Torfkopp, Tortenarsch, Tütenkopp, Weltmeister

TÜR: Dörpel, Schott

TURNEN: *Eierwelle

ÜBERFLÜSSIG: geschenkt

SICH ÜBERGEBEN: Bröckchen husten/reden, jemandem fällt etwas aus dem Gesicht, göbeln, die große Uhr ohne Zifferblatt und Zeiger, Würfel husten

ÜBERRASCHT: abbrechen, *baff, Bauklötzkes staunen, boo(ch), dat issen Dingen, *Donnerlüttchen, ach du dicket Ei, *mich knutscht ein Elch, *gebügelt sein, *geplättet, Hammer, vom Hocker fallen, Kerl inne Kiste, da fällt einem der Kitt aus der Brille, das hältste doch im Kopf nicht aus, ich glaub mich kriegense, leckomio, Manno,

Mannomann, Man(n)ometer, da legst du die Ohren an, *mich tritt ein Pferd, ach du Schande, ach du Scheiße, im Sechseck springen, von den *Socken, im Spargel stehen, *du kriss die Tür nich zu, ach du dicken Vatta, im Wald stehen, wattan wattan?, *ich brech zusammen

ÜBERREDEN: anspitzen, belatschern, drisseln

ÜBERTREIBEN: *sich bemachen, einen Bohei machen, *Fez, Firlefanz, Gedöns, ein Hausheben veranstalten, auf die Kacke hauen, Karmine machen, *Kokolores, *Stuß, *Terror machen, Tillefitt, Tilli, *Trara, wie die Weltmeister, Zwergenaufstand

ÜBERSCHÄUMEND: onnüesel

UHR: Osnik

UMSONST: für lau, für notting

UMSORGEN: den Arsch nachtragen, betutteln

UMSTÄNDLICH: *sich einen abbrechen

UNANGENEHM: alt aussehen, ätzend, gekniffen sein, der Gekniffene sein, dann is Hängen im Schacht, in seinem kurzen/gewaschenen Hemd dastehen, ösig, *reinschliddern, Schlampampel

UNANSEHNLICH: fluddelig, ipschig, knuselig, knüsselig, Krepel, kreplig, schäbbig, verschrömmelt

UNANSTÄNDIG: sauig

UNEBENHEIT: *Huckel, huckelig

UNEHRLICH: abziehen, anscheißen, linke Bazille, *betuppen, bunkern, sich durchfrickeln, filmen, *fuschen, *gefilmt werden, *gelackmeiert, *der Gelackmeierte sein, klemmen, *link, *linken, *mauscheln, naß machen, ölen, *Schmu machen, *türken, *einen Türken bauen, unterbauen, *unterjubeln, verquetschen

UNGESCHICKT: Hahnepampel, sich die Ohren brechen

UNHÖFLICH: *Stiesel

UNKONVENTIONELL: flippig

UNORDENTLICH: usselig

UNORDNUNG: Gepröddel, Geschlönz, bei Hempels unterm Sofa/im Wohnzimmer, klüngelig, Klüsen,

Kuddelmuddel, Kurmel, prümeln, hier sieht es aus wie bei Sau(s), Schlönzken, schlörig, Schlunz, Schlunze, Schlunzkopp, verschlunzen, *schusselig, verpröddeln, *Wutz

UNSICHER: *kippelig

UNSINN: alles Banane, *Firlefanz, Gelulle, *Geseires, Kappes, Kiki, Kikifax, Killefitt, Kitschback, Lapiralla, Lappes, Lulli, Peias, Pillepopp, *Schmonses, Siff, Spökes machen, Tullux

UNTERNEHMEN: *Klitsche

UNVERSCHÄMT: dickes Ei

UNWICHTIG: Tüttelkram

URINIEREN: miegen, pieschern, pillern, *Pinkulatorium, pinkulieren, strullen, strüllen, strullern

VERABSCHEUEN: *etwas nicht abkönnen, *jemanden gefressen haben, auf dem Kieker haben, das hältste doch im Kopf nicht aus, *nicht verknusen können

VERDROSSEN: mucksig

VERKAUFEN: *verkloppen, *verscherbeln, *verscheuern

VERLANGEN: *Bock haben, *Brand, geiern, Gierschlund, jiepern, jipperig, *Kohldampf, mucker sein, spitz wie Nachbars/Opas Lumpi, Rachulla, *Raffzahn, rattendoll, Schmacht haben

VERLEGEN: bedröppelt

VERLIEREN: *flöten gehen, *futsch, futschicato (perdito), (ver)schlempern, verbumfideln, *versaubeuteln, verschlammen, verschlüren, *verschüttgehen, vertorfen

VERRÜCKT: *aushaken, ausklinken, ausrasten, bematscht, beschmiert, besemmelt, Birne, Birnemann, Chaot, einen Draht aus der Mütze kucken haben, da springt einem der Draht aus der Mütze, extrabreit, *einen Haschmich haben, *einen Hau (mit der Wichsbürste) haben, holla sein, hops und holla, im Kino, einen Knappschuß haben, einen Kopfschuß haben, *nicht alle auf der Latte haben, einen Lattenschuß haben, *Macke, einen an der Mütze haben, einen Nagel im Kopp haben,

Pannemann und Söhne, die Pfanne am eitern haben, die Pimpernelle(n) kriegen, *plemplem, ein Rad abhaben, am Rad drehen, rammdösig, einen Schlag mit der Wichsbürste haben, dat Schoß raushaben, einen Sprung in der Schüssel haben, verkinschen, Waldheini, *Zustände kriegen

VERSAGER: Experte, Krampe, *Krücke, *Schwachmatikus, *Traumtänzer, Weltmeister

VERSCHÜTTEN: *plempern, schlempern

VERSTEHEN: *checken, *etwas gefressen haben, geregelt kriegen, *packen, raffen, auffe Reihe kriegen, *schnallen, spannen, *auf Zack sein

VERTRETER: *Treppenterrier

VERWIRREN: kirre machen, kolone, *Konfusionsrat, ganz Konfuzius machen, kulone

VOLL: pickepackevoll, pröffen, proffen, rappelvoll

VORNAMEN: Hebbert, Hömmut, Hotte, Kalla, Kallemännken, Kalli, Kiki, Manni, Söffken, Willem, Wollang

WACKELN: *kippeln

WAGEN: Bollerwagen, Hund, Teckel, Zwiebelporsche

WARNRUF: Brennholz! Es brennt!

WASCHEN: puckeln

WEG: Pättken, Pettken

WEGGEHEN: abdackeln, abglucksen, abzischen, *abzittern, einen Adler machen, einen Brenner machen, *Flatter, einen Flattermann machen, *Leine ziehen, *Mücke, *die Platte putzen, schieß in den Wind

WEHLEIDIG: Frierpitter, *Heulsuse, *Miesepeter, *Transuse

WEIHNACHTEN: frohen Christ

WEINEN: *flennen, Hülemule, päpen, eine Schüppe /Panne ziehen

WERKZEUG: Gezähe, Hebamme, Knarre, Mlotek, Mottek, Recklinghäuser Schlinge, Schlägel und Eisen

WINDIG: kacheln

WIRT: Buddiker

WITZ: noch son kalten unnet wird Winter, Klops,

klopsig, knollig, *Schote
WOLLDECKE: Woilach
ZAHLEN: abdrücken, *abstottern, *(zu)buttern, latzen, keine müde Mark, plattmachen, raustun, verbrettern, verschnuppern, *Zahlemann und Söhne
ZAHN: Hauer
ZERKNITTERN: knüddeln, prömmeln
ZERSTREUT: baselig, Baselkopp, bematscht, drämeln, drölig, drömmeln, *Konfusionsrat, *Schussel, *schusselig, *Transuse, tüddelig, verbaselt
ZEUGNIS: absäbeln, Käseblatt, einen Papptus machen, in den Teich setzen, *versieben
ZIGARETTE: van Ander(e)n, Marke Bahndamm Nordseite, Docht, Drehungen machen, Fluppe, *Glimmstengel, gofeln, Hugo, *Lulle, *Lungentorpedo, *Sargnagel, Schmulch, schmulchen, Schnoratti, Zarette
ZU: bei, nach
ZURECHTWEISUNG: dat musse nich
ZUSAMMENSEIN: klucken, rumklucken, *zusammenklucken

Nachwort von Klaus Birkenhauer

Ruhrgebiets-Deutsch in 30 Regeln

Zu beschreiben ist eine Sprache, die erst in den letzten hundert Jahren entstand und sich nie abschloß; eine Sprache, die von niemandem 'rein' erhalten oder 'gepflegt' wurde, sondern die ihren Sprechern -- heute immerhin über vier Millionen Menschen -- lange Zeit sogar verächtlich erschien, derer sie sich schämten. Doch wenn man mal genauer hinhört, stellt man fest, daß das Ruhrgebiets-Deutsch gerade kein 'verkommenes' Deutsch ist, sondern eine durchaus systematische Abwandlung davon, die noch den Vorteil hat, daß sich ihre Regeln -- im Gegensatz zu denen anderer Dialekte -- recht schnell lernen lassen.

Beschreiben wir diesen merkwürdigen Dialekt erst einmal als Umgangssprache.

Umgangssprache muß vor allem bequem sein-- wie ein ausgelatschtes Paar Schuhe. Sie darf, im Gegensatz zur Hochsprache, nirgends drücken oder kneifen, sondern muß ohne Aufwand oder viel Aufhebens ihre beiden Haupt-Zwecke erfüllen: daß man sich mit ihr in allen Alltags-Situationen mühelos verständigen, und daß man dabei zugleich seine eigene Einstellung unmißverständlich kundtun kann.

Umgangssprache ist deshalb, nicht nur im Ruhrgebiet, grob und geradeheraus -- das zeigen die Beispiele in der erklärenden Wörterliste. Sie kennt keine Beschönigungen, sondern sagt, wie es ist, oft überdeutlich.

Damit z.B. niemand zweifeln kann, wann wirklich mehrere gemeint sind, heißt es im Ruhrgebiet: "die Kinders", "die Blagens"; nicht zu übersehen ist andererseits die Zärtlichkeit gegenüber Kindern und anderen kleinen Tieren. Die zahlreichen 'Beschimpfungen' sind freundlicher als in der gemeindeutschen Umgangssprache; und Gebrechen werden zwar deutlichst benannt, aber mit einer Behutsamkeit, die dem Betroffenen nicht zu nahe tritt.

Wie diese eigentümliche Sprache entstanden ist, hat uns wenig interessiert. Mit Sicherheit falsch ist jedoch, das zeigt unsere Wörtersammlung, die traditionelle und durch stetige Wiederholung nicht richtiger werdende Behauptung, das Ruhrgebiet habe als Schmelztiegel für vielerlei -- vor allem polnische -- Sprach-Einflüsse gedient, Ruhrgebiets-Deutsch sei also, wie eine feste Wendung noch heute behauptet, ein 'Polnischplatt mit Zungenschlag'.

Davon stimmt nur 'Platt', das tatsächlich die wichtigste Rolle spielt -- darüber gleich mehr. Der 'Zungenschlag' beschränkt sich jedoch schon auf die Aussprache des L im Silben-Auslaut (ein eher englisches L, das vor allem im östlichen Ruhrgebiet zu hören ist) und auf die Endung "-ek", mit der man beliebige Wörter bequem 'polonisieren' kann. Wirklich aus dem Polnischen sind in unserer Sammlung nur ganze vier Wörter herzuleiten (dazu zwei aus dem Russischen und sieben aus dem Jiddischen) -- kein gerade hoher Prozentsatz.

Natürlich gibt es noch allerlei 'Sprüche', in denen die Redeweise der "Pollacken", der Zuwanderer aus Polen und Ostpreußen karikiert wird:

"da spielt äiner Jäije wie wenn wäint äiner"

demonstriert die Unfähigkeit der Zuwanderer aus dem Osten, 'ei' wie 'ai' auszusprechen, und zugleich ihre Schwierigkeiten mit der deutschen Wortstellung. Und der Spottvers "und is sich Kammrat fläißig / so kricht sich dräi Mark dräißig / und is sich Kammrat faul / so kricht sich wat auf Maul"

zeigt die slawische Vorliebe für Konstruktionen mit 'sich' und das Ausfallen des bestimmten Artikels.

Darüberhinaus jedoch hört man heute höchstens mal, daß etwa umschlagtuch-vermummte Türkinnen als "polnische Mattkas" bezeichnet werden. Aber das wär's dann auch schon, was die 'östlichen' Einflüsse angeht.

Sehr viel auffälliger für heutige Zuwanderer ist die weit verbreitete Benutzung von Eigennamen und Markennamen, besonders aus dem Werbefernsehen: "Earnie" ist als "Örni" genau so ein Begriff wie "Fuzzi" und ähnliche Gestalten; jeder Nachtisch wird schnell zur "Danone", jedes Papiertaschentuch zum "Tempo", jede Windel zu "Pämpers" usw.-- und zwar besonders, wenn das Produkt marken- und namenlos in einem Kettenladen oder Großmarkt eingekauft wurde.

Das mag bedauern, wer will. Unsere ganze Umgangssprache, nicht nur die im Ruhrgebiet, läßt sich so von der Werbung manipulieren. Aber Sprachkritik ist hier nicht am Platze, Umgangssprache sollte man beobachten, aufzeichnen, und höchstens einmal da, wo sie dunkel oder unentschieden wirkt, ein bißchen verdeutlichen.

Dabei stellt sich dann freilich schnell heraus, wieviel Systematisches in der Sprache des Ruhrgebiets zu finden ist, daß man sie also auch als Dialekt bezeichnen darf, weil sie sich wie ein Dialekt beschreiben läßt. Und das soll jetzt geschehen.

Traditionell wird an erster Stelle die Lautgestalt erklärt, und das mit Recht; denn abgesehen von inhaltlich Rätselhaftem fällt sie einem Außenstehenden am deutlichsten auf, sofern sie nur konsequent 'anders' ist als die der Hochsprache. Und im Ruhrgebiet ist sie eindeutig Plattdeutsch, darauf läuft alles hinaus.

Zunächst das R im Silben-Auslaut -- oder vielmehr, sein Nichtvorhandensein, das freilich allerhand Folgen hat.

REGEL 1: Im Auslaut betonter Silben wird das R durch ein 'weggleitendes' A ersetzt, und dabei gleichzeitig der Selbstlaut, auch wenn er ursprünglich kurz war, gelängt und 'gespannter' ausgesprochen. In vielen Beschreibungen heißt das 'breiter', was auch ungefähr stimmt: der 'gespanntere' Laut entsteht mühelos, wenn man zunächst mal beim Sprechen lächelt, also die Mund-WangenPartie verbreitert.

Bart spricht man	Baat
Schwarzbrot	Schwaazbrot
Lärche	Leeache
Berg	Beeach
Kirche	Kiiache
Morgen	Mooang
Gurke	Guuake
Würste	Wüüaste

REGEL 2: Wenn nach der Silbe, deren Selbstlaut gemäß Regel 1 lang werden müßte, nicht eine unbetonbare, sondern eine (wenn auch schwach) betonbare Silbe erscheint, bleibt die Längung nicht nur aus, sondern die betonte Silbe mit R wird sogar deutlich verkürzt:

herbe spricht man	heeabe (Enttäuschung)
aber Herbert	Häbbeat
Herzchen	Heeazken
aber Herzschlag	Häzzschlach

hören	hööan
aber hörma(l)	hömma

REGEL 3: Auch im Auslaut von unbetonten Silben verschwindet das R; anstelle des Selbstlauts mit R erklingt ein Murmellaut, der zwischen einem kurzen O und einem kurzen A liegt:

besser spricht man	bessa
Vergangenheit	Vogangenheit
zerstört	zaschtööat
Körner	Kööana

Solch ein konsequentes Nicht-Aussprechen des R im Silben-Auslaut ist deswegen besonders interessant, weil diese Einsparung in der hochdeutschen Aussprache mindestens nach A schon immer bevorzugt wurde und auch nach den anderen Selbstlauten allmählich häufiger wird. Man übertriebe also kaum, wenn man sagte: das Ruhrgebiets-Deutsch ist mit seiner Vereinfachung des R bereits an dem Punkt angekommen, den das übrige Deutsch erst noch anstrebt.

Weniger häufig, aber immer noch auffällig genug ist eine andere Aussprache-Angewohnheit, die das Ruhrgebiets-Deutsch mit dem Platt und dem Niederländischen gemeinsam hat: jedes G im Silbenauslaut durch CH zu ersetzen. Und zwar streng nach den deutschen Aussprache-Regeln: entweder als 'ich-Laut' nach 'hellen' Selbstlauten (Ä, E, I, Ö, Ü), oder als 'ach-Laut' nach dunklen Selbstlauten (A, O, U).

REGEL 4: Ein G im Silben-Auslaut wird (nach kurzem und langem Selbstlaut sowie nach Doppellauten) immer als CH ausgesprochen.

Weg spricht man	Weech
es ist weg	et is wech

täglich	täächlich
bewegt	beweecht
steigt	schtaicht
Zeug	Zoich
Krieg	Kriech
lügt	lüücht
jagt	jaacht
Augapfel	Auchapfel
flog	flooch
Katalog	Katalooch
Savignystraße	Saviichnistraße

REGEL 5: Wenn Regel 1 und Regel 4 gleichzeitig wirken, nämlich bei RG im SilbenAuslaut, wird das CH nicht als 'ach-Laut', sondern als 'ich-Laut' ausgesprochen. (Das ist ein Unterschied, den wir in der Rechtschreibung leider nicht ausdrücken können, weil die Aussprache des CH außerhalb des Ruhrgebiets streng an den Unterschied von 'hell' und 'dunkel' gebunden ist.)

Sarg	spricht man	Saach
Zwerg		Zweeach
Bergmann		Beeachmann
birgt		biiacht
borgt		booacht
Burg		Buuach

Damit ist jeder Zuwanderer schon mit wenigen Regeln imstande, schwierige Städtenamen des Ruhrgebiets richtig auszusprechen:

Dortmund	spricht man	Dooatmunt
Duisburg		Düüsbuuach
Gelsenkirchen		Gellsenkiiachen
Herne		Heeane

Übrigens: für das schon erwähnte 'besondere' L in "Gelsenkirchen" (dessen richtige Aussprache nur im östlichen Ruhrgebiet erwartet wird) gilt die

Aussprache-Übung aus Regel 1: Sprechen Sie das L erstmal eine Zeitlang mit lächelndem Gesicht, also mit breitgezogener Mund-Wangen-Partie; dann kriegen Sie schnell raus, wie die Zunge seitlich gewölbt sein muß -- und dieses L ist nicht nur fürs Englische, sondern auch fürs Russische nützlich.

REGEL 6: Bei einigen Wörtern, die man einfach lernen muß, bleibt ein langer Selbstlaut vor dem G, das zu CH wird, unerklärlicherweise nicht lang, sondern er wird kurz:

Tag spricht man	Tach
Schlag	Schlach
sag, sagte, gesagt	sach, sachte, gesacht
Auftrag	Auftrach
Jagd(en)	Jacht(en)
er kriegt	er kricht
Joghurt	Jochhuuat
Betrug	Betruch
D-Zug	D-Zuch
genug	genuch

Im Ruhrgebiets-Deutsch gibt es insgesamt vier Laute, die sich mit den schriftdeutschen Konventionen nicht eindeutig darstellen lassen; da man sie deshalb automatisch falsch liest, muß man sie einfach lernen:

REGEL 7: Merken Sie sich bitte die Wörter

boo(ch), Kros, krosen, schroh

diese Wörter spricht man mit langem, offenem O (wie in 'flott', aber eben lang), während im Hochdeutschen sonst jedes lange O geschlossen ausgesprochen wird.

REGEL 8: Merken Sie sich bitte die Wörter

Kohlentröte, Krösken, trötern

diese Wörter spricht man mit langem, offenem Ö (wie in 'Klötze', aber eben lang), während im Hochdeutschen sonst jedes lange Ö geschlossen ausgesprochen wird.

REGEL 9: Merken Sie sich die Wörter -- es sind jetzt leider eine ganze Menge --

Brassel, drisseln, Dusseldier, Fissematenten, Fissel, fisseln, Gebrassel, Knüssel, knüsselig, krüssel-, musseln, Nüssel, Pissel, Pusselümpen, schnasseln

diese Wörter spricht man mit stimmhaftem S (wie in 'Base' oder 'Bremse'). Der stimmhafte S-Laut wird hier trotzdem als Doppel-S geschrieben, weil der Selbstlaut davor unbedingt kurz bleiben muß.

REGEL 10: Die letzte dieser Eigenheiten ist ein merkwürdiger Laut, den wir alle aussprechen, ohne ihn je zu bemerken: Wenn wir "an" oder "ein" oder "unser" sagen, setzen wir das A, E oder U hinten im Rachen mit einem leichten Knacken an, wir können gar nicht anders.

Das ist der sogenannte Glottis-Schlag, und im Ruhrgebiet kann er auch -- wie in vielen afrikanischen Sprachen (sind wir vielleicht doch 'Kaffers'?) -- am Ende einer Silbe vorkommen. Aber zum Glück nur unter einer Bedingung: daß die Silbe auf -TT endet. In diesem Falle wird das -TT oft durch jenen kurzen Knacklaut ersetzt, der hier als ' geschrieben ist:

Bettfedern	spricht man	Be' fedan
Mettmann		Me' mann

Rabattmarken	Raba' maaken
Trittleiter	Tri' leita
Schrottplatz	Schro' platz

Damit ist die Lautlehre im engeren Sinne beendet. Die folgenden Besonderheiten der Ruhrgebiets-Aussprache greifen schon in den Bereich der Formenlehre über.

REGEL 11: Sehr auffällig sind -- vor allem eingedenk der 'Aufweichung' vieler R zu A und vieler G zu CH -- die Laut-'Verhärtungen' in einigen Wörtern:

das spricht man	dat
was	wat
es	et
Kopf	Kopp
nichts	nix
und (Häus-)chen	(Häus-)ken

Nur die Verkleinerungsform auf -ken ist plattdeutsch; die anderen 'Verhärtungen' hingegen sind in ganz Norddeutschland ziemlich allgemein verbreitet.

Und jetzt beginnt der Haupt-Spaß der Ruhrgebiets-Sprache, das große (wiederum plattdeutsche) Silben-Einsparen. Mit dieser Kunst liegt das Ruhrgebiet besonders weit vorn in der allgemeinen Sprach-Entwicklung des Deutschen. Denn man neigt zwar überall im Bundesgebiet dazu, die unbetonbaren und nie betonten Nebensilben mit schwachem E zu verschlucken; aber im Ruhrgebiet ist das längst zur Vollendung entwickelt.

REGEL 12: Die Schlußsilbe -BEN wird immer zu -M verkürzt, die Schlußsilbe -BEND immer zu -MT und die Schlußsilbe -GEN immer zu -NG. Die Schlußsilben -MEN und -NEN werden von den

Fortschrittlichsten zu -MM und -NN (einem langen N oder M) verkürzt; die Dickköpfigeren dagegen deuten noch ein schwaches E an (so schwach freilich, daß man's gar nicht mehr schreiben kann).

glauben	spricht man	glaum
Pflaumenkuchen		Flaummkuchen
Leben		Lehm
sieben		siem
oben		oom
Abenteuer		Aamteuer
schreibend		schreimt
sagen		saang
eigentlich		eingtlich
verbogen		verboong
Burgen		Buuang
ahnen		ahnn
lernen		leeann
wohnen		wohnn
turnen		tuuann

Und nun zur eigentlichen Formenlehre.

Die Beispiele zu den nächsten Regeln können allerdings nurmehr Andeutungen sein; denn wenn man auch nur die wichtigsten Formen aufzählen wollte, würden viele Seiten damit gefüllt. Ab sofort also repräsentative Zitate -- meistens aus Jürgen Lodemanns Roman "Anita Drögemöller und Die Ruhe an der Ruhr".

REGEL 13: Bestimmte und unbestimmte Artikel (der, die, das, dem, den, ein, einen usw.) werden grundsätzlich an vorausgehende Verhältniswörter (Präpositionen) und Bindewörter (Konjunktionen) angehängt, und zwar in möglichst verknappter Gestalt.

anne Füße
fürren Interview

Sicherheit	inne Bude
einen	übere Rübe geboingt
	ummen Hals
wollte	untere Brause
	vonne Socken
	weile Gegend da schöna is

Das ist im Deutschen ebenfalls nichts Neues, einige solche Spar-Formen schreiben wir alle längst: am, vom, zum, zur, ans, aufs, fürs; aber auch: weil's, wenn's, wo's. Allerdings zeigen die Auslassungszeichen noch das Unbehagen -- während das Ruhrgebiet da ganz konsequent ist.

Der nächste logische Schritt, nämlich auch Fürwörter (Pronomina) grundsätzlich anzuhängen und stark zu verkürzen, war schon in frühneuhochdeutscher Zeit, etwa bei Luther, und dann im Barock, bei Abraham a Santa Clara oder Grimmelshausen, üblich: sie schrieben ungeniert 'willstu' und 'hastu', und so lasen wir's auch, bis uns die Grammatiker des 19. Jahrhunderts solche Liederlichkeit verboten.

REGEL 14: Fürwörter (Pronomina), die nach einem Tätigkeitswort stehen, werden nicht nur einzeln, sondern auch zu mehreren daran angehängt und dabei stark verkürzt.

da	sachße gaanix mähr
wat	meinze?
	hasse nix?
dat	musse getz
dat	krisse nie
wie lange	stellze dich die Rumgurkerei so vor?
	kannzat maan bißken sortiern?
	kapierßat wattich mein?
so	gehtat nich
	hassat kapiert?
dann	setzich wacker hin
da	hamwert!

Oder tabellarisch, wenn auch durchaus unvollständig:

habbichen	kannichet	willichse
hassen	kannzet	willzese
hattern	kannert	willerse
hammwern	könnwert	wollnwerse
happtern	könntert	wollterse
hammsen	könnset	wollnsese

REGEL 15: Im Zweifelsfall kann man alle unbetonten oder kaum betonten Wörter, die an zweiter oder dritter Stelle nach einem 'sinntragenden' Wort erscheinen, an dieses Wort anhängen und verkürzen -- bis knapp vor die Grenze der Unverständlichkeit. In vielen Fällen wird bei diesem Aneinanderhängen auch das 'sinntragende' Wort mit verkürzt; besonders betroffen davon sind einerseits Wörter, deren R verschwunden ist, und andererseits Wörter auf -G und -CH:

	solzoch mähr trainiern
oda wie	klapptata?
wieso	dattän
dat	kannzoch mit mir nich machen!
	issattän au wah?
	siehßattännich?
wat	denkßich eintlich
	höddo auf!
	die waddo voschütt
also jetz	sachdomma watte wills
hasse immer	nonnix gehört?
dat kamman den	onnoch zutraun
lammido	onnoma kucken
genau dat	sachich doch dauernd
konntse ja	donnich
nu kannzet	donnimähr abwaatn

Allerdings gibt es eine kleine, begrenzte Gegenbewegung zu diesen Sparmaßnahmen:

REGEL 16: Eine Reihe von Wörtern (und Zusammenziehungen) wird -- verdeutlichend -- um ein zusätzliches S erweitert. Typische Beispiele:

Bratkartoffeln	wird zu	Brat s kartoffeln
Mietwohnung		Miet s wohnung
Öfchen		Öf s ken
meinetwegen		meint s wegen
irgendwie		iant s wie
irgendwo		iant s wo
wo du		wo ß e
ehe du		eh ß e
wenn du		wenn z e

REGEL 17: Im selben Sinne, nämlich um der störungsfreien Verständlichkeit willen, wird (wie schon erwähnt) auch gern die Mehrzahl überdeutlich ausgedrückt -- durch Anhängen eines S; und zwar besonders bei Wörtern, deren Einzahl und Mehrzahl gleich lauten:

Kinders, Blagens, Türens, Fensters, Treters, Schülers, Wärters, Läufers, Stürmers usw.

Was die Beugung von Haupt- und Eigenschaftswörtern angeht, ist die Sprache des Ruhrgebiets äußerst sparsam. So kommt sie z. B. im wesentlichen mit nur zwei Fällen aus.

REGEL 18: Im Prinzip gibt es nur den 1. und den 4. Fall (den Nominativ und den Akkusativ). Nach Verhältniswörtern (Präpositionen) steht normalerweise nur der 4. Fall:

bil-	tich nur nix ein!
wat denk-	ßich eintlich?
merk	dich dat
komm du	mich nich untere Aung
dat kamman	den Hotte onnoch zutraun
dabei wa	die dat piepegal

von	dat Dita hatter wat von
mit-	tat Marion
Herr vergib-	se
als wenn ich	se gehörn würd
Sicherheit	inne Bude

REGEL 19: Der 4. Fall (Akkusativ) dient aber im Ruhrgebiet auch als Anrede-Fall (Vokativ) und dazu, jemanden überhaupt hervorzuheben und deutlich ins Bewußtsein zu bringen. Das ist eine Bereicherung der Ausdrucksmöglichkeiten, die im Deutschen sonst völlig fehlt:

ej	Rotzigen
tja	lieben Polizeimeister
bis ja donnich	son ganz Bescheuerten
un ta lach da	den Hömmut
fümf Mille kricht	den Schrapphals
wat	den Päule is, unsern Präsedenten
bissen	aamen Junge
wer als	ersten stiften geht, bis du
ich als	sauberen Bürger

REGEL 20: Der dritte Fall (Dativ) wird -- auch nach einem Verhältniswort (einer Präposition)-- nur dann gebraucht, wenn man sich den Endpunkt der Handlung, das Am-Ziel-Angelangtsein vorstellen will oder kann:

da mussedich eemt	annem Kutti halten
komm du	im Bett
gehnse vom Paakhaus direkt	im Kinno
kapaaftich floch ich	im Schrank
dann kanner widder	im Gaaten

REGEL 21: Der 2. Fall (Genitiv) existiert nicht. Zum Ausdruck der Eigentümer- oder Besitzer-Beziehung stehen zwei Möglichkeiten zur Verfügung:

meines Vaters Haus	mein Vatta sein Haus
oder	dat Haus von mein Vatta

Wer statt "mein" (= 'meinen', 4. Fall) "meim" (= 'meinem') sagt, gilt als hochnäsig (vgl. Regel 18).

REGEL 22: Eigenschaftswörter und Fürwörter werden sehr oft gar nicht mit gebeugt:

sie führt sich auf wien	klein Mädchen
wir hatten die Tage	schlecht Wetter
der hat nichman	sauber Hempt
wat	unser Tante Matta is

REGEL 23: Wenn Eigenschaftswörter doch mit gebeugt werden, dann auf plattdeutsche Art und Weise:

dat issen	schönet Bild
son	spirriget Bürschken

REGEL 24: Einige Verhältniswörter (Präpositionen) werden ganz anders gebraucht als im Hochdeutschen. Sie werden in der Erklärenden Wörterliste erläutert, vgl. dort z.B. "bei", "für" oder "nach"; und in der Begrifflichen Wörterliste sind sie unter SPRACHE zusammengestellt.

REGEL 25: Die Ruhrgebiets-Sprache kennt, im Gegensatz zum Hochdeutschen, eine richtige 'Verlaufsform' der Tätigkeitswörter: Das Wörtchen "am" vor einem Tätigkeitswort in ungebeugter Form drückt (so eindeutig wie die englische 'ing'-Form) aus, daß die betreffende Handlung andauert, andauern soll oder angedauert hat:

wat is dat heute	am plästern!
wir sind noch	am schreim
die annern waan schon	am feansehkucken
letztes Jahr wo allet	am reifen fing

dat Dötzken fängt	am laufen
wie bringich dat	am richtig wackeln?
wo dat jetz Mai	am weean is
da fängsse richtich	am staunen
bisset schon dran	am ühm?

REGEL 26: Bei Vergleichen wird nur "wie" oder "als wie" benutzt -- niemals "als":

dein Auto is schöna	wie mein Vatta seins
so isset bessa	wie wenne dat nich machs
unsa Haus is größa	als wie dat woße wohns

REGEL 27: Die verweisenden Wörter "dafür", "davon" und "dazu" werden zur Satz-Verklammerung auseinandergespreizt (wie sonst nur 'trennbare' Tätigkeitswörter):

dafür kann er nichts	da kanner nix für
davon hast du nichts	da hassenix von
davon versteht sie was	da voschtehtse wat von
dazu komm ich noch	da kommichnoch zu
dazu fällt mir ein	da fällt mir zu ein

Und damit sind wir schon unbemerkt in den letzten Teil, in die Satzlehre hinübergerutscht, zu der es nicht mehr viel zu sagen gibt: Ruhrgebiets-Deutsch ist gleichzeitig Dialekt und Umgangssprache, und als Umgangssprache bevorzugt es natürlich kurze, unkomplizierte Sätze, die, wenn's denn schon sein muß, möglichst einfach miteinander verknüpft werden. Zwei solche Satz-Verknüpfungen seien wenigstens noch erwähnt:

REGEL 28: Kompliziertere Bindewörter werden gern durch das einfache, überall nützliche 'dat ' ersetzt:

Er arbeitet jetzt im	Er geht jetz inn
Bergwerk, damit er	Pütt datter

endlich mal richtig etwas verdient.	endlichma richtich wat vadient.
Wer weiß schon, ob er kommt?	Weea weißschon, datter kommt?

Ebenfalls aus dem Plattdeutschen stammt die letzte Satzbau-Gesetzlichkeit.

REGEL 29: Begründende Sätze werden ungern mit 'weil' oder 'denn' eingeleitet, sondern lieber als Hauptsätze angehängt, in denen ein 'ja' den Begründungszusammenhang stiftet:

Ich habe garnichts da, denn ich wußte nicht, daß du kommen würdest.	Ich hab gaanix da, ich wußte ja nich, datte komms.
Ich habe die Stelle bekommen, weil ich am besten Steno konnte.	Ich hab die Stelle gekricht, ich konnte ja am besten Steno.

Die wichtigste aller Regeln habe ich jedoch bis zum Schluß aufgespart:

REGEL 30: Riskieren Sie nie, sich im Ruhrgebiet mit irgendeiner Form von Primitiv-Deutsch, einer Art 'Babysprache', 'Gastarbeiterdeutsch' oder irgendeinem anderen Gestammel, anzubiedern. Wir wissen alle, wie unsere Ausdrucksweise auf Hochdeutsch klingen müßte. Nur is ehmt Hochdeutsch so fuuachba unbequem. Deshalb sprechenwa lieba unsa Deutsch. Leeanset also richtich -- dat kamman.

